经济管理学术文库·管理类

服务环境对顾客公民行为的影响研究
——以背景音乐为例

Study on the Influence of Perceived Servicescape to
Customer Citizenship Behavior
——in Case of Background Music

宋 扬/著

图书在版编目（CIP）数据

服务环境对顾客公民行为的影响研究：以背景音乐为例/宋扬著.—北京：经济管理出版社，2012.12
ISBN 978-7-5096-2233-9

Ⅰ.①服… Ⅱ.①宋… Ⅲ.①饭店—服务质量—研究 Ⅳ.①F719.2

中国版本图书馆 CIP 数据核字（2012）第286358号

组稿编辑：申桂萍
责任编辑：张　达
责任印制：杨国强
责任校对：陈　颖

出版发行：经济管理出版社
（北京市海淀区北蜂窝8号中雅大厦A座11层 100038）
网　　址：www.E-mp.com.cn
电　　话：(010) 51915602
印　　刷：北京银祥印刷厂
经　　销：新华书店
开　　本：720mm×1000mm/16
印　　张：10
字　　数：130千字
版　　次：2013年1月第1版　2013年1月第1次印刷
书　　号：ISBN 978-7-5096-2233-9
定　　价：38.00元

·版权所有　翻印必究·
凡购本社图书，如有印装错误，由本社读者服务部负责调换。
联系地址：北京阜外月坛北小街2号
电话：(010) 68022974　　邮编：100836

序

服务业已经成为当今世界经济的重要组成部分。服务业的发展程度体现了一个国家的竞争力。加快发展服务业有助于转变经济增长方式、促进国民经济的可持续发展；减少就业压力；促进与国际社会的接轨，实现国际化发展。特别是在知识经济时代，在新的信息技术的支持下，现代服务业发展迅速，整个服务行业面临着前所未有的激烈竞争和挑战，如何能在竞争激烈的环境下生存和发展是服务企业面临的重大问题。

顾客公民行为是一种对企业有益的行为，深入理解顾客公民行为的影响因素、探究顾客公民行为的形成机理对服务企业至关重要，同时服务环境在提升顾客认知和行为方面扮演着重要的角色。因此，对服务环境与顾客公民行为之间的关系进行深入探讨，对于顾客公民行为的理论和实践都具有指导意义。

《服务环境对顾客公民行为的影响研究——以背景音乐为例》是宋扬在其博士论文的基础上修改完成的。本书作者长期关注和追踪关于顾客行为的国内外最新研究。本书从服务环境的独特研究视角出发，研究具有学科前沿性，研究方向明确，内容层次清晰，研究主题具有较高的理论意义，研究成果具有一定的创新性，实用价值高，对服务业尤其是餐饮业的服务环境的改善具有较高的参考价值。

本书的创新性强，对顾客公民行为理论的发展具有良好的贡献。主要创新点表现在以下四个方面：①从服务环境视角探讨顾客公民行为形成机制，对顾客公民行为的影响因素进行扩展，丰富顾客公民行为形成机理研究。②将服务环境对顾客公民行为的影响研究分为两个角度：一是服务环境的构成要素（以背景音乐为例）对顾客公民行为的影响；二是整体服务环境对顾客公民行为的影响。并就两者对顾客公民行为影响机理的相同性和差异性进行比较分析。③从背景音乐的关键性因素（内在因素和外在因素）出发，探讨其对顾客公民行为的影响。④将服务环境、顾客情感、顾客认知和顾客公民行为联系在一起，探讨相互之间的作用机理，并对其中的中介变量和调节变量进行研究。本书的研究结论对于服务生产与营销实践具有理论指导意义。

本书是作者近年来在顾客行为影响因素研究领域的一部力作，但正如作者所说，对顾客公民行为的其他影响因素方面还需进一步研究。作为作者的博士生导师，我期待着本书作者在学术研究道路上矢志不渝、勤奋耕耘，有更多高水平的学术成果问世。

马钦海

2012 年 10 月

目 录

第一章 绪 论 …………………………………………………… 1

 第一节 研究背景及问题的提出 ………………………………… 1
  一、研究背景 ………………………………………………… 1
  二、问题的提出 ……………………………………………… 3
 第二节 研究目的和意义 ………………………………………… 7
  一、研究目的 ………………………………………………… 7
  二、研究意义 ………………………………………………… 8
 第三节 研究方法和思路 ………………………………………… 9
  一、研究方法 ………………………………………………… 9
  二、研究思路 ………………………………………………… 11
 第四节 本书的结构 ……………………………………………… 11

第二章 理论基础和文献综述 ……………………………………… 13

 第一节 顾客公民行为理论 ……………………………………… 13
  一、顾客公民行为研究的演进 ……………………………… 13
  二、顾客公民行为的概念 …………………………………… 17
  三、顾客公民行为的测量比较分析 ………………………… 20
  四、顾客公民行为的前因和结果变量 ……………………… 32
 第二节 服务环境相关理论 ……………………………………… 35

一、环境心理学 …………………………………………………… 35
　　二、服务环境 ……………………………………………………… 39
　　三、背景音乐 ……………………………………………………… 41
　第三节　消费情感 ……………………………………………………… 46
　　一、情感及消费情感的定义 ……………………………………… 46
　　二、消费情感的分类与测量 ……………………………………… 47
　　三、消费情感与顾客行为的关系 ………………………………… 48
　第四节　感知服务质量 ………………………………………………… 49
　　一、感知服务质量的定义 ………………………………………… 49
　　二、感知服务质量的维度和测量 ………………………………… 50
　　三、感知服务质量与顾客行为倾向的关系 ……………………… 51
　第五节　文献述评 ……………………………………………………… 52
　本章小结 ………………………………………………………………… 53

第三章　背景音乐结构性因素对顾客公民行为的影响研究 ……… 55

　第一节　研究假设 ……………………………………………………… 55
　第二节　研究设计 ……………………………………………………… 57
　　一、调查场所的选取 ……………………………………………… 57
　　二、样本的选择 …………………………………………………… 58
　　三、变量的测量 …………………………………………………… 58
　　四、数据分析方法 ………………………………………………… 64
　第三节　数据汇总与分析 ……………………………………………… 65
　　一、数据收集 ……………………………………………………… 65
　　二、描述性统计分析 ……………………………………………… 65
　　三、实验效度分析 ………………………………………………… 68
　　四、假设检验与研究结果 ………………………………………… 68
　本章小结 ………………………………………………………………… 72

第四章　背景音乐与环境的一致性对顾客公民行为的影响研究 …… 73

第一节　理论基础和研究假设 …………………………………… 73
一、音乐一致性与情感反应 …………………………… 75
二、音乐一致性与认知反应 …………………………… 77
三、情感的中介作用 …………………………………… 77
四、情感反应与顾客公民行为 ………………………… 78
五、认知反应与顾客公民行为 ………………………… 79

第二节　研究设计与数据收集 …………………………………… 79
一、研究设计 …………………………………………… 79
二、数据收集 …………………………………………… 81

第三节　数据分析 ………………………………………………… 82
一、描述性统计 ………………………………………… 82
二、测量模型检验 ……………………………………… 83
三、结构模型的拟合度评价及假设检验 ……………… 86

第四节　主要研究结果 …………………………………………… 88
本章小结 …………………………………………………………… 88

第五章　整体服务环境和背景音乐对顾客公民行为影响的比较分析 …………………………………………………………… 89

第一节　整体服务环境感知对顾客公民行为的影响研究 …… 89
一、概念模型设计 ……………………………………… 89
二、研究假设 …………………………………………… 90
三、研究设计与数据收集 ……………………………… 95
四、数据分析 …………………………………………… 101

第二节　整体服务环境和背景音乐对顾客公民行为影响的比较分析 …………………………………………………… 113

一、影响机理的相同点 113
二、影响机理的不同点 114
第三节 主要研究结果 114
本章小结 116

第六章 研究结论与展望 117

第一节 研究结论 117
第二节 研究创新点 121
第三节 研究局限和展望 122
一、调查范围及样本选择方面 123
二、背景音乐结构性因素方面 123
三、变量测量方面 124
四、比较分析方面 124

附 录 125

附录一 关于餐厅背景音乐特征和顾客公民行为关系的调查问卷 125
附录二 关于背景音乐和顾客公民行为的调查问卷 127
附录三 关于餐馆服务环境和顾客公民行为的调查问卷 130
附录四 顾客公民行为测量量表一览 133

参考文献 139

后 记 151

第一章 绪 论

第一节 研究背景及问题的提出

一、研究背景

在当今世界经济中，服务业已经成为重要组成部分。服务业的发展程度体现了一个国家的竞争力。统计资料表明，在发达国家和地区，服务业的 GDP 达到 37%左右，就业人数占到约 80%或更高。加快发展服务业有助于转变经济增长方式、促进国民经济的可持续发展；减少就业压力；促进与国际社会的接轨，实现国际化发展。特别是在知识经济时代，在新的信息技术的支持下，现代服务业发展迅速，整个服务行业面临着前所未有的激烈竞争和挑战，如何能在竞争激烈的环境下生存和发展是服务企业面临的重大问题。

服务产业和经济的全球化要求服务企业不断提高竞争力，由于服务产品的生产和消费是同时进行的，具有顾客参与性、无形性、不可分离性、异质性和易消失性的特点，所以服务递送过程必须依靠顾客的参与才能完成。这时，顾客的角色发生了转变，不再仅仅是产品和服务的消费者和使用者，同时也是企业的顾问、有效的营销者和质量监督员。他们参与到服务产品的生产和消费中，可以为企业的经营管理出谋划策、可以为企业的产品和品牌做义务宣传员，因此我们可以把顾客看做企业的"兼职员工"，是企业人力资源的组成部分，将对顾客的有效管理作为企业战略管理的优势。

在企业管理实践中，有些企业已经将顾客纳入360度绩效考核体系，而且在产品开发和革新的过程中，顾客正在更多地从事着原来企业员工从事的工作。例如，顾客自己在自动柜员机上存取款、自己在网上预定机票、利用自动语音系统订货等，这些服务的实现都是需要顾客的参与才能完成的。在服务递送过程中，顾客的参与行为有两种——角色内行为和角色外行为。顾客角色内行为是在服务递送过程中顾客应该做的、必须履行的行为，有了这些行为才能保证服务递送过程的完成，如顾客在服务消费过程中要明确自己的需求，在服务预约时准时赴约，按照处方上的疗法配合治疗，为接受的服务支付费用等；顾客角色外行为（包括公民行为和不当行为）是在服务递送过程中不被要求的、顾客自发产生的，但对服务企业、服务员工或者其他顾客会产生影响的行为。在角色外行为中，有些行为是对企业不利的行为，如醉酒、对服务员工进行侮辱等，这些会对企业和员工造成负面影响。但是有些行为，如礼貌地对待服务员工，给企业或员工提建议，帮助其他顾客等，会从正面影响服务员工或企业的绩效，甚至会给其他顾客带来积极的影响，这种对企业有利的行为被称为顾客公民行为。面对顾客行为发生的诸多变化，越来越多的学者和实践者对服务环境下的顾客行为加以关注，特别是对顾客角色外行为中的公民行为表现出浓厚的兴趣，并从多个角度对其进行研究，其中包括对顾客公民行为的影响因素研究。顾客在接受服务时要处于一定的服务环境之中，顾客对服务环境的感知会对其行为产生影响，同样也会对顾客公民行为产生影响。本书从新的研究视角，将顾客公民行为和服务环境联系在一起，着重探讨服务环境对顾客公民行为的影响，进一步揭示顾客公民行为的形成机理。

二、问题的提出

顾客公民行为是对企业有益的，可以提高企业绩效的行为。从1995年Gruen T. W.提出"顾客公民行为"的概念开始，该种行为已经引起国内外学者的关注和重视。

通过对以往顾客公民行为研究文献的梳理，发现过去的研究主要有两条研究主线，即顾客公民行为形成机制的研究和顾客公民行为效果机制的研究。前者主要研究顾客公民行为的影响因素，后者主要研究顾客公民行为的结果变量。到目前，国内外学者对顾客公民行为的研究主要集中在其形成机制理论上，通过对相关文献的分析，顾客公民行为的影响因素主要可以分成三类，即员工要素、顾客感知和特征要素、与企业有关的要素，具体如下：

第一，关注员工要素和顾客公民行为之间的关系。Wendy S.和Zabava Ford（1995）的研究表明，员工的礼貌服务会对顾客自发行为中的顾客承诺行为产生间接影响，但是对顾客帮助行为不产生影响。Liliana L.Bove等（2008）发现，服务员工承诺是顾客组织公民行为的前因变量，顾客对服务员工的忠诚是服务员工感知仁慈、服务员工承诺和顾客组织公民行为之间的调节变量。

第二，关注顾客感知和特征要素与顾客公民行为之间的关系。Bettercourt L. A.（1997）发现，顾客满意、顾客感知支持和顾客承诺是顾客自愿行为的前因变量。Groth（2005）认为，顾客的社会化是影响顾客合作生产的重要变量，顾客满意对顾客社会化的影响比对顾客公民行为的影响更为显著。Rosenbaum和Massiah（2007）的研究证实接受其他顾客情感支持的顾客会更愿意产生顾客自愿行为。Youjae Yi等（2007）的实证研究表明，顾客感知公平（分配公平、程序公平和交往公平）通过顾客情感影响顾客公民行为和顾客失范行为。Ahearne

等（2005）认为，顾客对于企业和其他顾客的认知会正向影响产品使用行为和顾客公民行为。

第三，关注企业的某些要素和顾客公民行为之间的关系。Boris Bartikowski，Gianfranco Walsh（2009）的研究显示企业声誉会对顾客公民行为产生影响，其中顾客承诺和忠诚意愿是企业声誉和顾客公民行为之间的调节变量。

上面关于顾客公民行为的三类影响因素，从不同的侧面对顾客公民行为的形成机理进行了探讨。它们有个共同点，即探讨顾客、员工和企业之中的对"软"要素的感知对顾客公民行为的影响，如服务员工承诺、顾客满意、企业声誉等。但是顾客对服务企业的感知，除了对"软"要素的感知外，还有对企业服务环境等"硬"要素的感知。Baker等认为，顾客现在越来越依据自己在服务环境中所看到的及感受到的来评价一个企业的服务，并据此采取行动。如在主题餐馆中，顾客比在快餐店等其他就餐场所中更加关注服务场所的装饰，如果对服务环境不满意，顾客可能产生不良情绪，也可能"拂袖而去"。

服务是一种无形产品，其生产和消费同时进行。顾客在接受服务时，会参与到服务生产过程中，而且会在服务产品的"生产车间"（服务场所）体验整个服务。服务场所的一切是不能被隐藏的，当顾客进入服务场所后，就从"道听途说"转为"身临其境"，其中的服务环境就会展现出来，给顾客一个直观的评价线索。服务环境是服务场所中"硬环境"及"软环境"的集合体，包括企业服务场所内外的装饰、空间布局、设备、服务场景中的温度、湿度、光度、声音及社会因素等要素。

在服务环境的众多构成要素中，背景音乐由于具有容易被控制而且成本低的特点，故在服务企业中被广泛应用。从古至今，在所有艺术形式中，音乐是最能抒发情感、拨人心弦的艺术形式。它是一种情感艺术，通过音响系统作用于人的听觉系统，使听众产生联想，引发心灵上的共鸣，从而产生或柔和或强烈的情感冲击力，荡涤人的心灵。悠扬适宜的背景音乐不仅给顾客带来听觉的享受，而且能够提高环境品质，营造轻松的服务氛围，背景音乐的格调也体现了服务企业的文化品位，影响顾客的情感状态。已有研究（Areni 和 Kim，1993；Hui 等，1997；Milliman，1982；Garlin 和 Owen，2006）表明，背景音乐会影响顾客的情感和行为，这里的顾客行为包括购买与花费、等待时间、重复购买等。顾客公民行为属于顾客行为的范畴，而且是一种对企业有益的行为，在以往的研究中缺乏关于背景音乐对顾客公民行为影响的探讨。

将背景音乐作为自变量，研究其对顾客公民行为的影响，可以从背景音乐设计的关键因素出发。背景音乐的关键因素包括内在因素和外在因素两个部分。

背景音乐的内在因素（结构性因素）包括背景音乐的类型、音量、节奏、国别等，这些内在因素会对顾客情感和行为产生影响。一些研究证实，不同的背景音乐类型会影响顾客的购买欲望，如古典音乐会使部分顾客的购买欲明显增强；小夜曲会使一部分男性更舍得花钱为爱人购买礼品；轻音乐会使部分顾客更愿意购买便宜货；而摇滚乐则会使部分顾客在购物过程中出现犹豫不决的心态，从而抑制他们的购物欲望。Ce'line Jacob 的研究表明背景音乐的类型对顾客的停留时间和花费有显著影响，Kari Kallinen 认为不同的背景音乐的节奏会对顾客的阅读行为产生影响。本书选用背景音乐的类型和节奏两个结构性因素，探讨它们是否会对顾客公民行为产生影响，影响机理如何；是单独对顾客公民行为产生影响，还是存在交互作用。

背景音乐结构性因素对顾客行为的影响研究，仅仅是验证背景音乐内在因素的影响。背景音乐在环境中不是孤立存在的，它与服务环境有一定的联系，也就是其外在因素。已有研究表明，背景音乐的环境效应会对顾客行为造成影响。Babin 等（2004）研究发现，在购物中心，各种环境因素的协调性会影响顾客的情感、感知质量和企业价值。Morin等（2007）认为，应该从与整体服务环境的匹配性去理解音乐对于顾客的影响。还有一些研究（Mattila和Wirtz，2001；Spangenberg等，2005）从整体上去评价音乐和气味两种环境因素的一致性，研究结果表明，在零售商店里，当音乐和气味一致的时候，顾客对于服务环境和消费的感知要更高一些。

在企业管理实践中，有一些餐馆和旅店聘请一些专业的音响工程师去设计独特的和人性化的音乐氛围。世界上的一些著名酒店和餐馆（如凯悦酒店）为了提高顾客的消费体验，选择和整体氛围相一致的背景音乐。这些都说明了背景音乐与服务环境一致性的重要性。在以往对背景音乐的研究中，背景音乐对情感、认知变量影响的研究最多，而情感和认知又会对顾客行为产生影响，将背景音乐与环境一致性同顾客情感、认知及顾客公民行为联系起来，背景音乐与环境的一致性是否会对顾客公民行为产生影响，影响机理如何，情感和认知变量在其中充当什么样的"角色"？

顾客进入服务场所之后，不仅会关注和感知服务环境中的背景音乐等细节，而且也会对整体服务环境进行感知。根据完形心理学理论，顾客会对服务环境有一个整体的感知（Bitner，1992；Lin，2004；Namasivayam和Mattila，2007），而这种感知会影响顾客的情感及认知反应，进而影响顾客的行为倾向（Bitner，1992）。顾客对整体服务环境的感知是否会对顾客公民行为产生影响？如何产生影响：是直接影响顾客公民行为，还是在两者之间存在某些中介变量和调节变量（如情感和认知变量）？其作用机理与背景音乐对顾客公民行为的影响机理是否一致？这些都有待探讨！

第二节 研究目的和意义

一、研究目的

通过对顾客公民行为及服务环境相关文献的分析和梳理，上述提出的研究问题还未有学者进行探讨，仍存在研究空白。本书从顾客公民行为形成机制出发，针对服务环境对顾客公民行为的影响进行实证研究，探讨其内在的影响机理。具体研究目的如下：

（1）探讨背景音乐内在因素（结构性因素）对顾客公民行为的影响，以休闲餐厅中的顾客为调查对象，利用现场实验法就背景音乐类型、节奏等特征对顾客公民行为影响的交互作用和简单主效用进行分析，揭示背景音乐结构性因素对顾客公民行为影响的机理。

（2）探讨背景音乐外在因素（与环境的一致性）对顾客公民行为的影响，以 Bitner 的服务场景模型为基础，建立背景音乐与环境的一致性、顾客情感、顾客感知服务质量和顾客公民行为倾向之间关系的概念模型。通过对餐饮服务业的顾客进行问卷调查获得数据，利用结构方程验证该模型的有效性，并利用 Sobel 方法检验顾客情感和认知的中介效应，对顾客公民行为倾向的形成机理进行更深层次的认识。

（3）探讨服务消费背景下整体服务环境感知对顾客公民行为的影响作用。以 M-R 模型为基础，建立顾客整体服务环境感知、顾客情感、顾客感知服务质量和顾客公民行为倾向之间关系的概念模型。通过对餐饮服务的顾客进行问卷调查来获得数据，验证模型的有效性，进而探讨服务环境对顾客公民行为的影响，分析顾客整体服务环境感知、顾客情感、顾客感知服务质量和顾客公民行为倾向之间的关系，探讨影响顾客整体服务环境感知与顾客公民行为关系的调节因素，深化顾客公民行为形成机理的认识。

（4）比较背景音乐与整体服务环境对顾客公民行为影响机理的异同，深入探讨服务环境对顾客公民行为的影响机理。

二、研究意义

在世界范围内对顾客公民行为相关理论的研究发生于十几年的时间内，因此吸引着学术界和企业界的关注。近些年来，学者们一直努力试图探寻顾客公民行为的影响因素问题，揭示顾客公民行为形成的作用机理，把握顾客公民行为形成过程中的关键因素。本书通过发现已有的对顾客公民行为问题研究的不足，丰富对顾客公民行为理论的认识。基于服务环境视角进一步揭示顾客公民行为的影响因素，从而更好地理解顾客公民行为形成问题的本质和机理。其中，揭示服务环境典型构成要素——背景音乐对顾客公民行为倾向的作用机制，包括背景音乐结构性因素对顾客公民行为倾向的交互作用和单纯主效用以及背景音乐一致性通过顾客情感和认知对顾客公民行为的影响；揭示顾客整体服务环境感知、顾客情感、顾客感知服务质量和顾客公民行为倾向之间的关系，进一步扩展M-R模型；分析对服务环境单个构成要素（背景音乐）和整体服务环境对顾客公民行为影响的异同，为服务企业改善整体服务环境和更好地应用背景音乐、进行背景音乐设计提供理论参考。

本书通过实证得出的研究结论对服务企业的实践具有指导意义。服务环境对于企业来说是一种可控要素，本书可以在实践上帮助服务企业改变服务环境要素，从而提高服务质量和激发顾客公民行为的产生，最终提高企业绩效。通过对调节因素的把握，服务企业可以更好地利用调节因素，有利于促进顾客公民行为的产生。

背景音乐作为服务环境中的典型构成要素，在很多服务场所都会被加以使用,但是背景音乐的选择和播放多是凭借其营销管理者的直觉、经验,或者是广播室员工的个人喜好,并没有实证研究的科学依据。迈尔顾问公司策划总监、商业专家李克让曾说过:"音乐恰到好处则形成了一种文化,否则就变成了噪音。"所以没有科学的依据就会导致背景音乐的使用鱼龙混杂,有时甚至适得其反。本书的研究可以为服务企业的营销者针对顾客公民行为的产生选择合适的背景音乐,有利于服务场所的音乐设计,促进顾客公民行为的产生,提高企业绩效。

第三节 研究方法和思路

一、研究方法

本书采用文献研究与实证研究相结合的方法。

(一) 文献研究法

通过对国内外相关学术文献的收集整理,了解国内、国外有关研究动态;另外,对与本书有关的管理学、营销学、环境学、心理学等学科经典与前沿文献的搜集与阅读,开阔了研究视野并提供了一定的理论参考。

(二) 实证研究法

自 20 世纪 50 年代以来,实证主义的思想一直在社会科学中占据着举足轻重的地位。实证主义认可现实世界是客观的。对于存在的客观规律和事实,可以进行科学的测量、解释,预测变量间的因果关系。实证主义倡导的研究方法大多是用于检验预先建立的研究假设或命题,如果得到的数据与研究假设的预期一致,就认为假设是可以接受的;如果发现与假设判断相反的结果,就有理由拒绝研究假设。

实证研究通常要遵循基本的程序：①确定研究目标，即寻找研究问题，确定研究问题的性质；②将问题概念化，对研究的问题进一步加以界定；③根据研究问题选择研究方法；④将构造的概念转化为可操作的概念或变量，确定测量方法；⑤确定研究对象和测试对象；⑥收集实证数据；⑦对数据进行处理；⑧分析数据，得出结果；⑨对数据结果加以讨论，得出研究结论。

本书遵循实证研究的基本程序。首先，通过文献综述提出所要研究的核心问题。其次，将问题进一步概念化为三个具体的研究问题。在具体的研究中，本书先用逻辑推演和归纳总结的方法构建概念模型，提出假设，并对概念变量化，为变量测量模型。在确定每个研究的测试对象后，通过问卷调查的方法收集实证数据。用统计软件对数据进行处理，验证假设，得出数据分析结果。最后，对数据结果加以讨论，得出重要的研究结论。

为了检验理论推证出的分析框架，需要制定规范的实证研究思路。运用实证研究的方法对本书所提出的顾客公民行为、服务环境、服务质量、消费情感、背景音乐一致性进行测定，筛选指标，通过一定的方法收集实证数据。利用统计软件对数据进行处理，验证假设，得出数据分析结果。对数据结果加以讨论，得出重要的研究结论。

本书进行数据收集时，使用问卷调查法和现场实验法进行。其中，现场实验法是指在自然情境下进行的实验研究，研究者操纵自然情境中的某种条件，以观察这种条件变化在被试行为上自然的效果，从而研究心理现象的一种方法。这种方法既主动操纵条件，又在自然情境中寻找被试实验，兼有实验法与观察法的某些优点。在研究背景音乐结构性因素对顾客公民行为倾向的影响时，通过现场实验法获取背景音乐类型及节奏对顾客公民行为倾向影响的数据，并做进一步分析，从而揭示背景音乐结构性因素对顾客公民行为影响的机理。

二、研究思路

本书的研究工作首先从相关文献及理论的梳理和综述开始；其次将整个研究分成三个实证研究，分别进行概念模型设计或研究假设的提出，收集数据，验证模型（研究假设），进行对比分析；最后提出研究结论。

第四节 本书的结构

本书包括以下几个部分：

第一章，绪论。在已有研究的基础上，提出本书的研究背景和研究问题，确定研究目的和研究意义，阐述本书使用的主要研究方法及研究思路。

第二章，理论基础和文献综述。对顾客公民行为、服务环境、背景音乐、消费情感、感知服务质量的理论研究文献进行回顾和梳理，并对相关概念进行界定。为全书的主体研究和对研究结论提供扎实的理论基础。

第三章，背景音乐结构性因素对顾客公民行为的影响研究。探讨背景音乐结构性因素（包括音乐类型和节奏）对顾客公民行为倾向的影响，基于餐饮服务业的顾客样本，通过现场实验法收集数据，进行效度和信度分析，利用方差分析验证音乐类型和节奏之间的交互作用和各自的单纯主效用，给出研究结果。分析背景音乐结构性因素对顾客公民行为的作用机理。

第四章，背景音乐与环境的一致性对顾客公民行为的影响研究。基于餐饮服务业的顾客样本，探讨背景音乐外在因素（背景音乐与环境的一致性）对顾客公民行为的影响，通过问卷调查方法收集数据，分析背景音乐与环境的一致性对顾客公民行为的作用机理。

第五章，整体服务环境和背景音乐对顾客公民行为影响的比较分析。首先，通过实证研究来探讨顾客整体服务环境感知对顾客公民行为的影响机理。以 M-R 模型为基础，构建顾客整体服务环境感知、顾客消费情感、顾客感知服务质量和顾客公民行为之间的关系模型。对调研数据进行分析，给出变量测量模型的信度和效度结果，分析顾客整体服务环境感知对顾客公民行为的作用机理。其次，将其与背景音乐对顾客公民行为的影响机理进行比较，找出异同点。

第六章，研究结论与展望。根据实证研究的数据结果，对研究得出的三个重要结论进行总结并加以讨论，指出研究的局限性以及未来的研究方向。

第二章 理论基础和文献综述

本章对顾客公民行为、服务环境、背景音乐、消费情感、感知服务质量的理论研究文献进行回顾和梳理，并对相关概念进行界定，为全书的主体研究和对研究结论提供扎实的理论基础。

第一节 顾客公民行为理论

一、顾客公民行为研究的演进

顾客公民行为的研究起源于对组织公民行为的研究，公民行为在企业或组织的服务传递过程中发挥着重要的作用（Morrison，1996）。Bowen（1986）指出"服务业和制造业的最大区别就在于，服务生产过程中顾客大部分都是在现场的，而制造产品的生产过程中，顾客很少参与的"。因此，顾客和员工一起构成了服务企业的人力资源。顾客经常会做一些只有员工才做的工作，顾客在一些服务企业中甚至可以替代员工（Halbesleben Buckley，2004）。现在很多学者认为企业应该真正重视顾客，最起码应该将其视为组织成员或者员工（Kelly，Donnelly 和 Skinner，1990）。因此，顾客也可能会像组织员工一样产生公民行为，将传统的组织公民行为研究扩展到顾客领域。以往的研究都将公民行为的研究主体聚焦在企业雇员上,而对于将顾客作为公民行为主体的研究还很少。

对于顾客公民行为的研究可以追溯到20世纪90年代。Gruen TW. (1995) 在从顾客的视角研究关系营销学时首先提出了"顾客公民行为"的概念,之后又陆续有一些学者对顾客公民行为从不同侧面进行了研究。对于顾客公民行为的称谓也不尽相同,包括顾客自发行为(Customer Discretionary Behavior, Ford, 1995)、顾客自愿行为(Customer Voluntary Behavior, Bettercourt, 1997; Bailey, Gremler 和 McCollough, 2001)、顾客组织公民行为(Customer Organization Citizenship Behavior, Lengnick-Hall 等, 2000; Liliana L.Bove 等, 2008)、顾客角色外行为(Customer Extra-role Behavior, Aherne 等, 2005)、合作行为(Coproduction, Summers 和 Acito, 2000)、顾客帮助行为(Customer Helping Behavior, Johnson, Rapp, 2009) 等。表2-1简要列出了国外学者对顾客公民行为的代表性研究。通过对相关文献的梳理,我们得到有关顾客公民行为的研究特征。

表2-1 顾客公民行为的相关文献回顾

序号	作者	关注点	研究性质	发现和结论
1	Gruen TW. (1995)	从顾客的视角研究关系营销学	概念	将社会心理学和组织行为理论应用到关系营销研究中,在顾客与企业的关系中,心理学的输出变量为承诺、满意和关系信任,而在行为方面的输出变量为解除关系、机会行为和公民行为。将顾客公民行为作为关系营销研究中的行为输出变量
2	Bettercourt LA. (1997)	顾客作为企业的服务促进者、共同生产者	实证	顾客满意、顾客感知支持和顾客承诺是顾客自愿行为的前因变量
3	Groth M. (2005)	顾客公民行为与顾客合作行为的比较	实证	顾客的社会化是影响顾客合作生产的重要变量,顾客满意相较于顾客社会化对顾客公民行为有着更为显著的影响作用
4	Jeffrey J. Bailey, Dwayne D. Gremler 和 Michael A. McCollough (2001)	服务接触中的情感价值	概念	顾客的输出是满意、忠诚和顾客自愿行为

续表

序号	作者	关注点	研究性质	发现和结论
5	Wendy S, Zabava Ford(1995)	顾客自发行为的影响因素	实证	礼貌服务会对顾客自发行为中的顾客承诺行为产生间接影响，但是对顾客帮助行为不产生影响
6	Mark S. Rosenbaum, Carolyn A. Massiah (2007)	其他顾客对顾客自愿行为的影响	实证	接受其他顾客情感支持的顾客会更愿意产生顾客自愿行为
7	Youjae Yi, Taeshik Gong (2007)	顾客角色外行为的影响因素	实证	顾客感知公平（分配公平、程序公平和交往公平）通过顾客情感影响顾客公民行为和顾客失范行为
8	Youjae Yi, Rajan Nataraajan, Taeshik Gong (2009)	顾客行为和员工相关变量之间的关系	实证	顾客参与行为和顾客公民行为对员工绩效、员工满意、员工承诺和离职倾向有影响，其中顾客和员工的相似性与喜爱程度在顾客公民行为、顾客参与行为与员工满意之间具有调节作用
9	Boris Bartikowski, Gianfranco Walsh (2009)	企业声誉与顾客公民行为之间的关系	实证	企业声誉会对顾客公民行为产生影响，其中顾客承诺和忠诚意愿是企业声誉和顾客公民行为之间的调节变量
10	Jennifer Wiggins Johnson, Asam Rapp(2009)	顾客帮助行为的测量	实证	基于效度检验过程和组织公民行为测量量表开发出顾客帮助行为测量量表，并进行各种效度检验
11	Youjae Yi, Taeshik Gong(2006)	顾客角色外行为的前因和结果变量	实证	顾客角色外行为（顾客公民行为和顾客失范行为）的前因变量是顾客感知公平、顾客承诺和消极情感（顾客失范行为），结果变量是顾客感知服务质量
12	Liliana L.Bove 等 (2008)	员工特征对顾客组织公民行为的影响	实证	服务员工承诺是顾客组织公民行为的前因变量；顾客对服务员工的忠诚是服务员工感知仁慈、服务员工承诺和顾客组织公民行为之间的调节变量
13	Lengnick-Hall, Claycomb 和 nks (2000)	顾客公民行为的结果变量	实证	顾客公民行为对服务投资具有正向的和显著的影响。其中，服务投资可以用服务接受的范围、在服务企业花费的时间和一些有益的输出（如对于生活的乐观看法、减少压力等）来衡量
14	Gruen, Summers 和 Acito（2000）	关系营销行为	实证	情感承诺对顾客公民行为具有正向影响
15	Ahearne, Michael; Bhattacharya, C. B.; Gruen, Thomas (2005)	扩展关系营销（建立顾客—企业认知和顾客公民行为之间的联系）	实证	顾客对于企业和其他顾客的认知会正向影响产品使用行为和顾客公民行为
16	谢礼珊、申文果、梁晓丹（2008）	顾客公民行为的前因变量	实证	网络服务的信息公平性对顾客公民行为既有直接的正向影响，也有显著的间接影响。结果公平性、程序公平性和交往公平性对顾客公民行为有间接的影响。顾客满意感对顾客公民行为有直接的正向影响
17	Romana Garma 和 Liliana L Bove (2011)	顾客公民行为对服务员工幸福感的影响	实证	应用社会再生产函数理论（SPF）发现顾客公民行为可能会帮助员工实现功利性目标（包括舒适、启发、状态和行为确定）情感和主观幸福感

（1）从研究背景来看，几乎所有关于顾客公民行为的研究都是以服务业做为研究背景，其中包括互联网服务（Groth，2005；刘纹秀，2007）、百货零售业（Bettercourt LA.，1997；Bartikowski，2009；洪崇荣，2005）、医疗服务（Bove 等，2008）、教育服务（Youjae Yi，2008）、银行（Bartikowski，2009）和餐饮业（Bartikowski，2009）。但是，也有学者在 B2B 的背景下进行顾客公民行为的研究，如韩国学者 Youjae Yi 在 2009 年分别对高级工商管理研修班的学员和制造业中购买方进行调查，对顾客公民行为进行研究。

（2）从对顾客公民行为界定的范围来看，可以分为三个方面的研究。

第一，将顾客公民行为与其他顾客行为放在一起进行探讨，如 Groth（2005）通过研究发现顾客的社会化是影响顾客合作生产的重要变量，顾客满意相较于顾客社会化对顾客公民行为有着更为显著的影响作用。Youjae Yi 等将顾客角色外行为作为一个整体进行研究，他们在 2006 年的研究表明，顾客角色外行为（顾客公民行为和顾客失范行为）的前因变量是顾客感知公平、顾客承诺和消极情感（顾客失范行为），结果变量是顾客感知服务质量。2009 年的研究证实，顾客参与行为和顾客公民行为对员工绩效、员工满意、员工承诺和离职倾向有影响，其中顾客和员工的相似性与喜爱程度在顾客公民行为、顾客参与行为与员工满意之间具有调节作用。

第二，将顾客公民行为作为整体概念进行研究，如 Bettercourt LA.（1997）的研究显示顾客满意、顾客感知支持和顾客承诺是顾客自愿行为的前因变量。Liliana L.Bove 等（2008）发现服务员工承诺是顾客组织公民行为的前因变量；顾客对服务员工的忠诚是服务员工感知仁慈、服务员工承诺和顾客组织公民行为之间的调节变量。Boris Bartikowski 和 Gianfranco Walsh（2009）的研究证实企业声誉会对顾客公民行为产生影响，其中顾客承诺和忠诚意愿是企业声誉和顾客公民行为之间的调节变量。

第三，针对顾客公民行为中某一方面进行研究，如 Wendy S. 和 Zabava Ford（1995）对顾客帮助行为进行研究，Jennifer Wiggins Johnson 和 Asam Rapp（2009）基于效度检验过程和组织公民行为测量量表开发出顾客帮助行为测量量表，并进行实证检验。

（3）根据研究情景的不同，以往文献主要有三条研究主线。

第一，在服务接触的情景下，Bettencourt（1997）认为顾客公民行为是在服务接触过程中所表现出来的角色外行为，如忠诚、合作和参与。其中，忠诚指的是对超过个人利益的组织利益的忠诚和促进，如重复购买、购买意愿、对服务商的偏爱等；合作指的是对高质量服务传递有帮助的顾客行为，如懂得服务流程，对员工谦逊，对规则和政策的合作、礼貌、尊敬等；参与指的是对组织支配和发展的活跃的、负责任的参与，如抱怨、建议、评论等。

第二，不限于服务接触情景，而是在更宏观的层面上去研究，如 Groth（2005）认为顾客公民行为包括推荐、给组织提供反馈、帮助其他顾客。其中，推荐就不限于服务接触情景下，还包括服务接触之外的把该服务推荐给朋友和家庭成员。Bove（2007）认为，顾客公民行为应包括正向口碑、亲近关系的展示、公司活动的参与、服务促进的良好举动、灵活性、服务促进的建议、顾客声音和对其他顾客的监督，其中正向口碑、亲近关系的展示等维度不限于在服务接触情景之下。

第三，一些学者对具体的单独顾客公民行为进行研究，如 Bartikowski（2009）只是研究了顾客公民行为中的帮助行为。

二、顾客公民行为的概念

Bowen 提出"服务产业和制造业最主要的区别就在于，顾客参与服务产品生产的过程，而在制造业中顾客只是参与消费的过程"。因此，顾客在服务递送过程中扮演着多重角色，既是服务产品的消费者，又是服务产品的生产者。

在服务消费过程中，顾客的参与行为可以分为角色内行为和角色外行为（如表2-2所示）。角色内行为指在服务消费过程中顾客的"份内"行为，是一种合作行为。如在健康俱乐部中，要求顾客按时参加并积极锻炼。这种在服务递送过程中顾客的积极合作行为将会在很大程度上决定服务的效果（如增强体质或者达到减肥效果）。又如，在网上服务递送过程中，顾客要在网上购物支付时提供信用卡信息或者提供配送信息，这些都可以看做是顾客的合作行为、角色内行为，因为没有这些行为，服务递送过程就不能正常完成。顾客角色外行为是顾客除了购买产品和服务以外，非强制性的、自愿做出的对企业有利或者不利的行为，也可以称为顾客自主行为（Consumer Discretionary Behavior）。对企业不利的顾客角色外行为包括醉酒、对服务员工的语言和身体的侮辱、违反公司的规定和缺乏合作等行为，可以被称为顾客不良行为、顾客异常行为、顾客失范行为等。顾客角色外行为除了包括对企业不利的行为之外，还有一种行为是对企业有利的，而且有助于提高服务质量和促进企业有效运行，如对员工态度友好、帮助其他顾客、为企业和员工提建议等。针对这些对企业有利的顾客角色外行为，国外学者借鉴组织公民行为的概念，提出了"顾客公民行为"的概念。

表2-2 员工行为和顾客行为比较（角色内/外行为）

行为类型	行为主体	员工行为	顾客行为
角色内行为		工作职责行为 (Task Performance)	顾客合作行为 (Customer Coproduction)
角色外行为	对企业有利的行为	组织公民行为 (Organizational Citizenship Behavior)	顾客公民行为 (Customer Citizenship Behavior)
	对企业不利的行为	员工不良行为 (Employee Dysfunctional Behavior)	顾客不良行为 (Customer Dysfunctional Behavior)

资料来源：作者根据相关文献分析整理。

虽然在已有文献中，不同的学者对顾客公民行为采用了不同的表述。包括顾客组织公民行为、顾客公民行为、顾客帮助行为，有的学者提出了顾客自发行为和顾客角色外行为的概念，认为顾客自发行为或顾客角色外行为是顾客自主决策的、有助于企业传递高质量服务的正面行为，但本质上还是顾客公民行为，因为他们的概念只包含了正面的自发行为，而没有包含负面的自发行为。

表 2-3 对顾客公民行为的不同表述

序号	表述	研究者	定义
1	顾客自愿行为 (Customer Voluntary Behavior)	Bailey, 2001; Bettercourt, 1997; Rosenbaum 和 Massiah, 2007	能够提高企业实力和服务递送质量的顾客的有益和自愿的行为
2	顾客角色外行为 (Customer Extra-role Behavior)	Keh, Teo, 2001; 刘纹秀, 2007	顾客自愿扮演企业促销者的角色，在基于特定的条件下做出有益于企业服务效益或品质的行为，产生超越个人利益，以提高企业利益的行为
3	顾客组织公民行为 (Customer Organizational Citizenship Behaviors)	Bove, 2008	在服务递送过程中超越顾客要求角色的自愿行为，这种行为能够提供帮助、支持并能提高企业的绩效
4	顾客帮助行为 (Customer Helping Behavior)	Johnson Rapp, 2009	顾客角色外的、能够帮助企业的行为
5	顾客公民行为 (Customer Citizenship Behavior)	Groth, 2005; Gruen, 1995	没有明确期望或者是不被奖励的顾客自发和自愿的行为，这种行为会提高服务质量，同时促进服务企业的绩效
		谢礼珊, 2008	顾客自发的、对企业有利的行为，顾客会主动为企业做有利的口头宣传、推荐和鼓励他人购买企业服务；顾客还可能会发挥自己的才智，主动向企业指出服务的不足，向企业提供改善服务和创新服务的建议
		洪崇荣, 2005	将能够弥补顾客关系管理系统的不足，并促进企业经营目标的实现的、顾客主动执行的"购买"或"消费"以外的行为

资料来源：作者根据相关文献分析整理。

从表 2-3 可以看出，无论是哪一种表述，顾客公民行为具有以下几个特征：

（1）是顾客自愿、自发、自主决策，非企业强制的行为。

（2）这些行为都是对企业有益的，有助于企业的有效运作和提高企业绩效。

（3）是顾客"角色外"行为，即不是完成服务传递所必须的行为。

因此，顾客公民行为可理解为顾客自愿产生的、对于企业有利的、而非完成服务递送过程所必须的行为。

三、顾客公民行为的测量比较分析

（一）顾客公民行为测量量表概述

自 1997 年 Bettercourt 开发出包含 3 个维度、17 个问项测量顾客自发行为的量表之后，相继有 Groth、Bove、Youjae Yi、刘纹秀、洪崇荣、Johnson 和 Rapp 等人针对顾客公民行为、顾客组织公民行为、顾客自发行为和顾客帮助行为开发出不同的测量量表。通过对顾客公民行为相关文献的梳理，选取了九个顾客公民行为测量量表（如表 2-4 所示）进行比较分析。

表 2-4 顾客公民行为测量量表[①]

序 号	量表名称	研究者	年 份	国家/地区
1	CVP 量表	Bettercourt	1997	美国
2	CCB-A 量表	Groth	2005	澳大利亚
3	Customer OCBs 量表	Bove	2008	澳大利亚
4	CCB-K1 量表	Youjae Yi	2008	韩国
5	CCB-T 量表	洪崇荣	2005	中国台湾
6	CERB 量表	刘纹秀	2007	中国台湾
7	CCB-F 量表	Bartikowski	2009	法国
8	CHB 量表	Johnson，Rapp	2010	美国
9	CCB-K2 量表	Youjae Yi	2010	韩国

资料来源：作者根据相关文献分析整理。

这些量表中包含去情景化取向自行开发生成的，包含利用已有组

[①] 量表名称根据测量对象的英文名称缩写设置，如顾客自愿行为（Customer Voluntary Behavior）测量量表为 CVP 量表，顾客帮助行为（Customer Helping Behavior）为 CHB 量表；CCB-A、CCB-K、CCB-T、CCB-F 量表中的"A、K、T、F"分别表示研究者所在国家（地区）：澳大利亚、韩国、中国台湾和法国；CCB-K1 和 CCB-K2 是相同的研究者在不同研究中使用的不同的量表。

织公民行为量表采用修改取向产生的；量表中既有反映式指标，也有构成式指标；而且量表来源于不同的国家和地区，有美国、澳大利亚、韩国、台湾地区等；量表的结构维度也不尽相同，有单个维度、两个维度、三个维度、四个维度及八个维度；量表有繁有简，最少的只有3个问项，最多的有29个问项。测量量表中有把顾客公民行为作为单维构念研究的，也有作为多维构念研究的；量表涉及不同的服务领域，有传统的百货零售服务、医疗服务、美发服务等，也有互联网服务领域（如表2-5所示）。

表2-5 顾客公民行为测量量表基本情况

序号	量表名称	国家/地区	研究人员	调查领域	样本	维度数	问项个数	构念类型/结构模型	开发时间
1	CVP	美国	Bettercourt	百货零售业	215名光顾商店的顾客	3	17	多维/潜因子型	1997
2	CCB-A	美国	Groth	互联网服务	某县城高级法院陪审团库中的191人	8	12	多维/潜因子型	2005
3	Customer OCBs	澳大利亚	Bove	药房 理发店 医疗服务	光顾4次以上的484名顾客	8	29	多维/潜因子型	2008
4	CCB-K1	韩国	Youjae Yi	高级工商管理研修班	209名EMBA进修学员	—	7	单维/构成型	2008
				制造业中购买方	购买方68人	—	5		2008
5	CCB-T	中国台湾	洪崇荣	百货业	485名顾客	4	20	多维/潜因子型	2005
6	CERB	中国台湾	刘纹秀	互联网服务领域	209名网站会员	—	3	单维/反映型	2007
7	CCB-F	法国	Bartikowski	银行 零售服务 快餐店	583名顾客	2	6	多维/潜因子型	2009
8	CHB	美国	Johnson Rapp	营利性组织	224名研究生及546名顾客②	7	24	多维/潜因子型	2010
				非营利性组织	143名研究生及546名顾客②	8	27	多维/潜因子型	
9	CCB-K2	韩国	Youjae Yi	家用电器公司	332名顾客	—	3	单维/反映型	2011

资料来源：作者根据相关文献分析整理。

(二) 顾客公民行为测量量表对比分析

1. 结构/维度分析

"顾客公民行为"构念存在着单维与多维的划分，单维构念的测量可以通过对反映指标和构成指标的测量来完成。而测量多维构念时我们不但需要关注指标和构念之间的关系，还需要明确定义维度和整体构念之间的关系。多维构念的维度和整体构念之间有三种可能的关系——潜因子模型（Latent Model）、合并模型（Aggregate Model）和组合模型（Profile Model）。在本书比较的量表中，有三个量表（CCB-K1、CERB 和 CCB-K2 量表）将顾客公民行为看做单维构念，其余的量表将顾客公民行为作为多维构念，将其划分为不同的维度。在单维结构中，CCB-K1 量表是单维构成型结构，CERB 和 CCB-K2 量表是单维反映型结构。多维结构的量表全部属于多维潜因子模型。这些量表对于顾客公民行为维度的划分各不相同，如 CVP 量表有三个维度（推荐、帮助顾客和推荐），CCB-A 量表划分为八个维度（正向口碑、服务促进的建议、监督其他顾客、表达、服务促进的仁爱行为、亲近关系的展示、灵活性和参与企业的活动），CHB 量表同样划分为八个维度，但是具体内容却不同（扩展行为、支持行为、宽恕行为、增加数量、竞争性信息、对调查的反应、品牌展示和提高的价格），还有四维度的量表等（具体参见附录四）。

2. 测量模型类型分析

在比较的九个量表中，CCB-K1 量表将其作为构成式结构进行研究，而其他的量表都是将其作为反映式结构进行研究。

Youjae Yi 认为在顾客公民行为构念测量中，因果关系是从问项指向构念，问项的变化会导致顾客公民行为构念的变化，而且这些指标都是不可以替换的，去掉任何指标都会改变构念的概念域，更为重要的是，这些指标相互之间不要求显著相关。因此，他利用构成式结构（CCB-K1 量表）对顾客公民行为进行测量。

3. 信度分析

信度主要是指调查问卷是否精准（Precision）。信度分析涉及了问卷测验结果的一致性和稳定性，其目的是如何控制和减少随机误差。

本书中比较的顾客公民行为测量量表（除构成式量表 CCB-K1 之外）进行了信度分析，Cronbach's α 系数和组合信度（Composite Reliability，CR）都在可接受的范围内，具有较高信度。其中 CCB-A 量表和 CERB 量表 Cronbach's α 系数全部在 0.8 以上，说明它们具有良好的信度，研究模型具有良好的内部一致性。具体信度检验指标如表 2-6 所示。

表 2-6 顾客公民行为测量量表信度评价指标[①]

序号	量表名称	信度评价指标	指标值
1	CVP 量表	Cronbach's α	参与 0.85；忠诚 0.75；合作 0.69
2	CCB-A 量表	Cronbach's α	推荐 0.93；帮助其他顾客 0.92；提供反馈 0.80
		组合信度（CR）	推荐 0.93；帮助其他顾客 0.92；提供反馈 0.80
3	Customer OCBs 量表	Cronbach's α	Customer OCBs 0.78；八个维度从 0.78 到 0.94
		组合信度（CR）	Customer OCBs 0.76；八个维度从 0.76 到 0.97
4	CCB-T 量表	Cronbach's α	CCB 0.80；利他行为 0.73；本分行为 0.76；"鸡婆"行为 0.65；公民道德 0.74
5	CERB 量表	Cronbach's α	0.92
		组合信度（CR）	0.75
6	CCB-F 量表	组合信度（CR）	帮助其他顾客 0.88；帮助企业 0.85
7	CHB 量表	Cronbach's α	除一项为 0.26 外，其余全部可以接受（无具体值）
8	CCB-K2 量表	组合信度（CR）	0.85

资料来源：作者根据相关文献分析整理。

4. 效度分析

效度指测量结果的有效程度，它是指测量工具或手段能够准确测出所需测量事物的程度。效度是问卷调查研究中最重要的特征，问卷调查的目的就是要获得高效度的测量与结论，效度越高表示该问卷测验的结果所能代表的要测验的行为的真实度越高，越能够达到问卷测

[①] 因 CCB-K1 量表为构成式结构，无信度检验，所以在表中未列出。

验目的，该问卷才正确而有效。

在对顾客公民行为进行测量时，不同的量表对于效度的检验程度不同，有的未作效度检验，如 CCB-T 量表借鉴组织公民行为测量量表进行顾客公民行为测量，但未作任何效度指标的检验；有的量表对常用的效度指标进行检验，如 CVP 量表对结构效度中的收敛效度进行检验，CCB-A、Customer OCBs 等量表对结构效度和内容效度进行检验，CERB、CCB-K2 和 CCB-F 量表对结构效度进行检验；CHB 量表对效度的检验在本书比较的量表中是最全面的，不仅对常用的效度指标（内容效度、结构效度）进行检验，而且对学说效度及效标效度中的预测效度进行了检验，从多角度保证测量的有效性。具体如表2-7所示。

表 2-7 顾客公民行为测量量表效度检验情况

序号	量表名称	内容效度	效标效度		结构效度		学说效度	外部效度
			预测效度	同时效度	收敛效度	区分效度		
1	CVP 量表	—	—	—	√	—	—	—
2	CCB-A 量表	√	—	—	√	√	—	—
3	Customer OCBs 量表	√	—	—	√	√	—	—
4	CCB-K1 量表	√	—	—	—	—	—	—
5	CCB-T 量表	—	—	—	—	—	—	—
6	CERB 量表	—	—	—	√	√	—	—
7	CCB-F 量表	—	—	—	√	—	—	—
8	CHB 量表	√	√	—	√	—	√	√
9	CCB-K2 量表	—	—	—	√	√	—	—

资料来源：作者根据相关文献分析整理。

（1）内容效度。内容效度是指一个测验实际测到的内容与所要测的内容之间的吻合程度。估计一个测验的内容效度就是确定该测验在多大程度上代表了所要测量的心理特质。在顾客公民行为测量量表中，研究者通过专家判断法及统计分析等方法进行内容效度的检验。

澳大利亚学者 Groth 在 2005 年将顾客公民行为作为一个新的构念，利用 Q-分类技术采用去情景化自行开发了 CCB-A 量表，在量表开发过程中,通过专家判断法对内容效度进行检验;在 Customer OCBs 量表中,研究者采用统计分析法,通过计算每个题项得分与题项总分的相关系数,得出该量表内容效度较高的结论;Youjae Yi 在 2008 年对高级工商管理研修班学生和制造业中购买方进行顾客公民行为测量时,首先采用归纳法从相关文献中获得问项,并翻译成韩文,再由精通英文和韩文的专家和学生对翻译结果进行评价,修改(或删除)有问题的问项,这种在预测试过程中反复比较的做法保证了 CCB-K1 量表具有较高的内容效度。在 CHB 量表中 Johnson and Rapp 同样通过专家判断法对生成和定义问项,提高内容效度。

(2)效标效度。效标效度(Criterion Validity)也称为准则关联效度(Criterion-Related Validity)、经验效度(Empirical Validity)、统计效度(Statistical Validity)。效标效度是根据已经得到确定的某种理论,选择一种指标或测量工具作为效标(准则),分析量表得分与准则(效标)间的相关系数即准则效度系数。根据时间跨度的不同,效标效度可分为同时效度和预测效度。

在调查问卷的效度分析中,选择一个合适的准则往往十分困难,从而使这种方法的应用受到一定限制。因此,在本书比较的顾客公民行为测量量表中只有 CHB 量表对效标效度中的预测效度进行了检验,研究者经过测试发现情感承诺和组织识别能够显著地预测顾客帮助行为(情感承诺 $\beta=0.33$,$p<0.01$;组织识别 $\beta=0.37$,$p<0.01$),并且这两个变量在新量表解释了 64%的方差($R^2=0.64$),因此该量表具有较高的预测效度。

(3)结构效度。结构效度(Construct Validity),也称构念效度,是指一个测验实际测到所要测量的理论结构和特质的程度,分为收敛效度(Congvergent Validity)和区分效度(Discriminant Validity)。如果某一测量工具的测量分值与测量相同构念或特质的其他测量工具的分值有高的相关度,则可以说明收敛效度高;如果某一测量工具的测量分值与测量不同构念的其他测量工具的分值有低的相关度，则区分效度高。

由于结构效度是量表效度评价中重要的指标，因此在本书比较的量表中，除了CCB-T量表未作结构效度检验，CCB-K1为构成式测量之外，其他量表都对结构效度进行了检验。

在CVP量表中，研究者利用验证性因子分析检验了收敛效度，除了4个问项的因素载荷小于0.5以外，其他13个问项的因子载荷都大于0.5，说明其具有较好的收敛效度。

在CCB-A量表中，Groth首先通过计算构念之间的相关系数，即顾客公民行为的三个维度（推荐、帮助其他顾客及提供反馈）之间是高相关的（相关系数为0.56~0.75，$p<0.01$），而与顾客合作行为之间是低相关的（相关系数为0.08~0.17，$p<0.05$），从而初步判断出在顾客公民行为三个维度间具有较高的收敛效度，和顾客合作行为之间具有区分效度。另外，Groth利用验证性因子分析，进一步检验了收敛效度和区分效度。顾客公民行为三个维度的因子载荷全部大于0.5，且组合信度全部大于0.7，说明具有高的收敛效度。通过对单因素模型、四因素模型（推荐、帮助其他顾客、提供反馈和顾客合作行为）和六因素模型（推荐、帮助其他顾客、提供反馈、顾客合作行为、顾客满意和顾客社会化）的比较，发现六因素模型（χ^2（215，N = 191）= 450.08，$p<0.01$；CFI = 0.94；IFI = 0.94；TLI = 0.93；RMSEA = 0.76）与数据的拟合度最好，优于其他两种模型，并且研究者检验每两种因素的区分效度。另外，还通过检验两个构念的平均抽取方差（AVE）是否超过这两种构念之间相关系数的平方来判别区分效度。通过以上几种方法，该研究最后确认推荐、帮助其他顾客、提供反馈之间满足收敛效度和区分效度的要求，可以作为顾客公民行为构念的三个维度。

Customer OCBs量表分别对收敛效度和区分效度进行检验，在验证性因子分析中，该量表的问项因子载荷除一项为0.4之外，其他都不小于 0.5，平均抽取方差为 0.55，组合效度为 0.7，说明其具有较好的收敛效度；另外，每对构念的共同方差低于它们的平均抽取方差，说明具有区分效度（检验方法同 CCB-A 量表）。

在 CERB 量表中，顾客角色外行为问项的因子载荷全部大于 0.75，平均抽取方差为 0.5，组合效度为 0.75，故其具备一定的收敛效度；并将假设模型中的构念进行两两比较，一共是 6 个构念，共进行 15 项限定模式与未限定模式的卡方差异性检查，结果这 15 项卡方差异值都大于 10.83（$\Delta\chi^2 \geqslant 10.83$；$p < 0.001$），因此不同构念间具有区分效度。

CCB-F 量表通过验证性因子分析得出平均抽取方差大于 0.5，组合信度最小为 0.85，因此具有收敛效度；而且 5 个构面之间的平均抽取方差均大于其共同方差，因此具有区分效度。

CHB 量表具有较高的收敛效度（所有问项及构面的因子载荷均大于 0.5），而且不同构面之间的相关系数不超过 0.3，因此同样具有一定的区分效度。在 CCB-K2 量表中组合信度为 0.85，平均抽取方差为 0.65，表明其具备收敛效度；6 个构面之间的平均抽取方差均大于其共同方差，而且每个指标的载荷高于它的所有的交叉载荷，因此具有区分效度。

（4）学说效度。学说效度（Nomological Validity）也称法理效度、律则效度和通则化效度（Lawlike Validity），是指对法理上的假设进行验证。在本书比较的顾客公民行为测量量表中，只有 CHB 量表对学说效度进行了检验。为检验该量表的学说效度，研究者对已有的情感承诺、组织识别和关系强度与顾客帮助行为之间的关系进行验证，结果表明顾客帮助行为与这三个变量存在正相关关系（在营利和非营利组织中），而且经过进一步分析可知，在营利性组织中，情感承诺和组织识别是顾客帮助行为的前因变量，在非营利性组织中，情感承诺、组织识别和关系强度全部都是顾客帮助行为的前因变量。

（5）外部效度。外部效度（External Validity）涉及将研究结果推广到研究外情景的程度,即研究结果的普遍代表性和适用性。在CHB量表中,对外部效度进行了检验,因为原有研究仅限于研究生样本,且要求参与者与对应的组织有很强的关系强度,因此为了检验外部效度,研究者选取了一个艺术中心的真实顾客,且不对顾客与企业的关系强度提出要求。对552名顾客的调查,表明此8个维度和26个问项的量表具有很好的信度、效度,而且同情感承诺和组织识别的关系是正向且显著的。证明了之前研究的正确性,同时也验证了该量表的普遍代表性和适用性。

(三) 结论与建议

顾客公民行为的研究经过10多年的发展,其测量研究已经不断地走向深入,并得到了广泛的研究和应用。通过上面的对比分析,我们得出结论及建议:

第一,在对顾客公民行为概念的界定上,大部分的研究都是将组织公民行为的概念扩展到顾客领域,而未对该概念的内涵进行深层次的探讨。

第二,从量表的信度、效度检验上看,在本书比较的量表中,对于信度的测量,大部分量表通过计算Cronbach's α系数测量内部一致性,有一些测量了组合信度,但是没有对量表的稳定性进行检验,如重测信度等。对于效度的测量,大部分量表只是对效度的部分指标(如结构效度和内容效度)进行检验,而对于效标效度、学说效度、外部效度等没有进行检验(只有CHB量表进行了检验)。且在进行区分效度检验时,只有Groth将顾客公民行为与顾客合作行为进行比较,证明它们之间存在区分效度,其他的量表只是对顾客公民行为的不同维度的区别效度进行检验。因此,对于量表信度和效度的检验应更加深入。

在顾客公民行为测量量表问项选择时,有的是生成原始新量表,问项是通过调查、归纳、概念界定,按照量表生成步骤形成的,因此有较高的内容效度（如CCB-A和CHB量表）。但有的量表是借鉴相关文献，从其他测量量表中抽取问项，通过演绎法生成，因此内容效度难以保证（CCB-T、CERB等量表）。而且，有的量表不是所有的问项都是针对顾客公民行为，如CCB-T中的"我会配合政府的环保政策，实施垃圾分类"问项，这样也会导致内容效度降低。因此，有些量表的内容效度有待提高。

在选择顾客公民行为测量量表时，要选择信度和效度高的量表，这样才能使研究结果具有可靠性和有效性。可以选择一些有效的方法增加量表的信度和效度，例如，适当增加问项的数量，调查问卷的难度要适中，适当增加样本数等。

第三，从顾客公民行为是单维构念还是多维构念方面，如果只是将顾客公民行为作为一个整体概念，研究其与其他要素之间的关系，可以选择单维构念且问项较少的量表，这样可以提高研究效率，如选择CERB和CCB-K2量表。如果想更深入地认识顾客公民行为，或者探讨顾客公民行为的各维度与其他变量的关系，可以选择多维构念量表，如选择CVP、CCB-A、Customer OCBs和CHB量表等。

顾客公民行为的结构从单维到多维，显示该领域的研究正逐步深化和拓展。但由于顾客公民行为概念本身的复杂性和不统一性，不同的研究者研究角度、重点的差异，因而在量表结构维度的划分及测量题项上必然出现一定程度的交叉和重叠甚至遗漏。实际上，追求一个绝对完整的、没有交叉重叠的结构维度模型，既没有必要也不可能。只要所提出的结构维度模型能够对顾客公民行为进行解释说明、能够满足信度和效度的要求、满足研究的需要，就可以认为是一个好的模型。

第四，顾客公民行为测量模型应该是反映式结构还是构成式结构，在以往的研究中看法不一。使用错误的测量模型会破坏结构的内容效度，曲解构念之间的结构关系，最后降低管理理论对于研究和实践的意义。

研究者在进行构念测量模型的选择时需要从理论和实证两个方面进行考虑。

1. 理论方面

（1）构念的本质。对于反映式模型，潜在构念是独立于测量存在的（是绝对意义上的存在）。实际上，在商业及相关领域中，几乎全部采用反映式方法去测量。例如，在《国际商业研究》和《市场营销》当中有接近95%的构念并没有考虑其他测量模型而直接采用反映式结构进行测量。和反映式结构不同，构成式结构中潜在构念是由指标组合而成的，指标的任何变化都会影响到潜在构念。在商业研究文献中，构成式结构的例子很少。

（2）因果关系的方向。在反映式结构中，因果关系是从构念指向问项，构念的变化会引起问项测量的变化，而问项测量的变化不会引起构念的变化。在构成式结构中，因果关系正好相反，是从问项指向构念，构念的变化不会引起问项的变化，而问项的变化会引起构念的变化。

（3）问项的特征。在反映式结构中，潜变量的变化要先于指标，所有的指标都具有共同的主题（Common Theme），可以互相替换。加上或者去掉某个项目不会影响到构念的概念范围。但是在构成式结构中，是由问项来定义构念的，问项不需要具有共同的主题，而且问项是不可以互相替换的，增加或删除某个问项会改变构念的概念范围。但是并不意味着在构成式结构中，要包含所有的构成指标，只要一些指标能够表现出问题的范围即可。

2. 实证方面

（1）问项之间的相关性。在反映式结构中，问题是构念驱动指标，问项之间应该是高度正相关。而在构成式结构中，指标之间没有固定的相关关系，有可能不相关，也有可能高相关或低相关，但是它们应当具有相同的方向关系。在反映式结构中，可以通过计算因子载荷、公因子方差、Cronbach's α 系数、平均抽取方差和内部一致性等统计指标来检验单个指标的信度或组合信度。但是在构成式结构中，目前还没有简单易行、普遍可以接受的标准来评价信度。

（2）指标和构念前因及结果变量的关系。在反映式结构中，指标具有和构念的前因/结果变量相同的关系（正向/负向，显著/不显著）。在实证研究中，可以通过理论探讨确定反映式结构的内容效度，并检验其收敛效度和区分效度。而在构成式结构中，问项不具有和构念的前因/结果变量相同的关系。在实证研究中可以利用多指标多因子模型（Multiple Indicators and Multiple Causes，MIMIC）或者其他与之相联系的反映式结构检验学说效度和效标效度。

（3）测量误差与共线性。在反映式结构中能够识别出错误项目，在实证研究中可以通过共同因子分析（Common Factor Analysis）识别和提取测量误差。而在构成式结构中，如果构成式测量模型是独立的，是不能够识别误差项的。在实证研究中，可以通过消失四分法测试（Vanishing Tetrad Test）确定误差，同时通过条件系数等标准化诊断排除共线性问题。

第五，从量表的开发或使用环境上看，大部分的量表开发或使用环境单一。如 CVP 量表仅限于百货零售业，CCB-A 量表仅限于互联网服务领域，CCB-K2 量表针对家用电器公司进行研究。但 Customer OCBs、CCB-F、CCB-K1 和 CHB 等量表为了提高量表的适用性，在不同的服务消费环境中对顾客公民行为进行研究。

综上所述，不同的测量顾客公民行为的量表在问项的数量、信度、效度和适用性等方面都有一定的差异。对它们进行对比分析，无论是对以后的研究与实践，还是在中国文化背景下是否适用，结果与西方社会有多大不同，如何去解释这种差异都是有益的。

服务环境对顾客公民行为的影响研究

四、顾客公民行为的前因和结果变量

(一) 前因变量

到目前,国内外学者对顾客公民行为的研究主要集中在前因变量,主要涉及三个方面的因素,它们分别来源于顾客、员工和企业。如表2-8所示。

表2-8 顾客公民行为的前因变量分类

来源	前因变量
与顾客有关	顾客承诺、整体顾客满意、顾客感知公平、顾客信任感、顾客情感因素等
与员工有关	服务员工承诺、礼貌服务及员工公民行为
与企业有关	企业声誉

(1) 与顾客有关的变量,主要包括顾客承诺、整体顾客满意、顾客感知公平、顾客信任感、顾客情感因素等。

承诺是通过价值一致性、愿意继续某种关系及对其他组织的关注表现出来的。Liliana L. Bove 研究表明顾客对员工的承诺与顾客组织公民行为之间存在正相关关系;Lance A. Bettecourt 认为顾客承诺同顾客公民行为中的忠诚(Loyalty)和参与(Participation)维度有正相关关系;Youjae Yi 实证研究表明承诺对顾客公民行为具有正向影响,因此服务企业应当采取措施提升顾客承诺。

整体顾客满意是指基于和特定的企业服务接触,顾客对于企业总体的情感状态。Lance A.Bettecourt 的研究认为,整体顾客满意显著地、负向地影响顾客参与行为。谢礼珊认为,在网络服务中,顾客满意感对顾客公民行为有直接的正向影响,支持格劳斯的观点,顾客满意感对顾客公民行为有很好的预测作用。格劳斯的研究表明,顾客满意相较于顾客社会化对顾客公民行为有着更为显著的影响作用。这些研究结果与在组织公民行为研究文献中提出的雇员满意会促使雇员提供角色外行为是一致的。

第二章 理论基础和文献综述

服务公平性指顾客对企业所提供的服务是否公平的感知，顾客感知公平包括结果公平、程序公平、交往公平和信息公平四个维度。Youjae Yi 认为，交往公平对顾客公民行为有正向影响；其研究发现积极情感调节顾客感知公平和顾客公民行为。谢礼珊认为，网络服务的信息公平性对顾客公民行为既有直接的正向影响，也有显著的间接影响。结果公平性、程序公平性和交往公平性对顾客公民行为有间接的影响。

谢礼珊的研究表明，信任感对顾客公民行为没有直接的正向影响，但信任感通过满意感对顾客公民行为有间接的影响；洪崇荣认为，信任对顾客公民行为有直接的正向影响，而且公平对与顾客公民行为的影响具有部分调节效应。

情感可以定义为顾客在服务接触过程中的主观情感状态，包括两个维度——积极情感和消极情感。顾客情感既可以直接影响顾客公民行为，同时也可作为其他变量和顾客公民行为变量之间的中介变量或调节变量。Youjae Yi 的研究表明积极情感是 CCB 的直接前因变量，也是顾客感知公平与 CCB 的完全调节变量；Rosenbaum M S、Massiah C A 发现接受其他顾客情感支持的顾客会更愿意产生顾客自愿行为。

(2) 与员工有关的变量，包括服务员工承诺、礼貌服务及员工公民行为等。

Liliana L.Bove 等的研究认为服务员工承诺是顾客组织公民行为的前因变量；顾客对服务员工的忠诚是服务员工感知仁慈、服务员工承诺和顾客组织公民行为之间的调节变量。Wendy S.和 Zabava Ford 证实礼貌服务会对顾客自发行为中的顾客承诺行为产生间接影响，但是对顾客帮助行为不产生影响。Yi 和 Gong 基于服务利润链理论就员工行为对顾客行为的影响进行了研究，研究表明员工公民行为会通过顾客满意、承诺对顾客公民行为产生积极影响。

(3) 与企业有关的变量。Boris Bartikowski 和 Gianfranco Walsh 的

研究表明企业声誉会对顾客公民行为产生影响，其中顾客承诺和忠诚意愿是企业声誉和顾客公民行为之间的调节变量。

（二）结果变量

随着对顾客公民行为研究的深入，有一些学者开始关注顾客公民行为的结果变量，并通过实证研究进行检验。主要的结果变量包括感知服务质量、员工绩效、员工满意、员工承诺、离职倾向、员工幸福感及服务投资等，如图2-1所示。

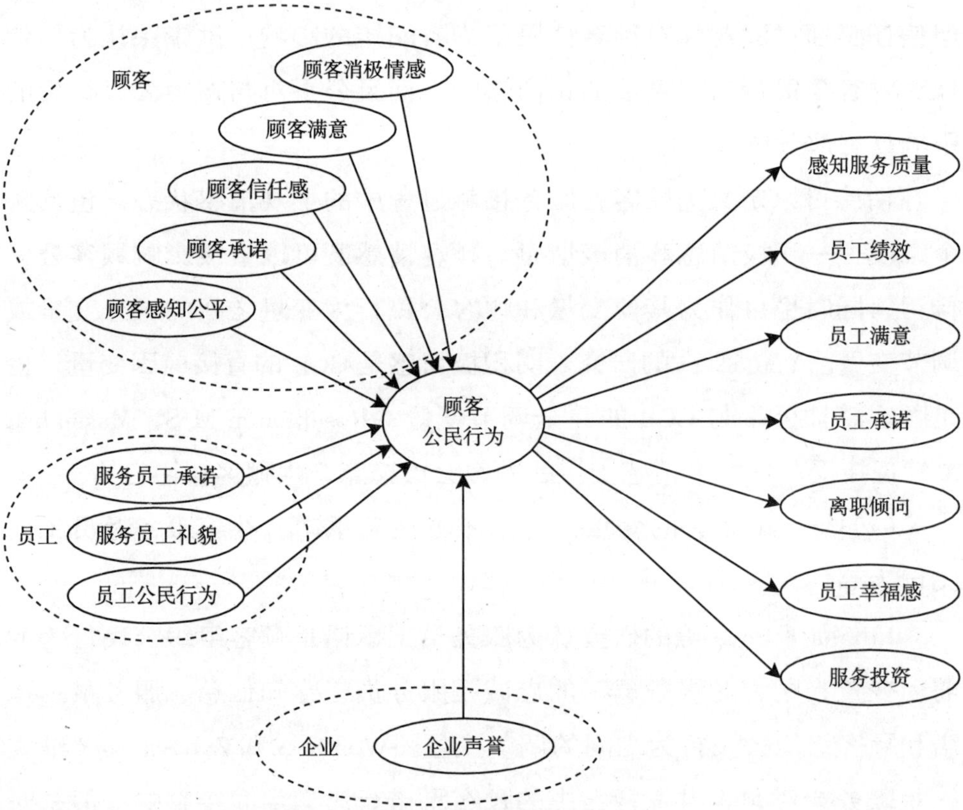

图2-1 顾客公民行为的前因及结果变量

Youjae Yi 认为，顾客角色外行为（顾客公民行为和顾客失范行为）的前因变量是顾客感知公平、顾客承诺和消极情感（顾客失范行为），结果变量是顾客感知服务质量。Youjae Yi 等的研究表明顾客参与行为和顾客公民行为对员工绩效、员工满意、员工承诺和离职倾向有影响，其中顾客和员工的相似性与喜爱程度在顾客公民行为、顾客参与行为与员工满意之间具有调节作用。Romana Garma 和 Liliana L. Bove 应用社会再生产函数理论（SPF）发现顾客公民行为可能会帮助员工实现功利性目标（包括舒适、启发、状态和行为确定）情感和主观幸福感。Lengnick-Hall、Claycomb 和 Inks 的实证研究表明顾客公民行为对服务投资具有正向的和显著的影响。其中，服务投资可以用服务接受的范围、在服务企业花费的时间和一些有益的输出（如对于生活的乐观看法、减少压力等）来衡量。

第二节 服务环境相关理论

一、环境心理学

环境心理学（Environmental Psychology）是心理学的一个重要分支，是最近 20 多年来迅速发展起来的一门新兴边缘学科。对于环境心理学的关注可以追溯到有这门学科建立以前对建筑学、地理学和其他社会科学的相关研究，尤其是心理学方面的研究。例如，关于环境知觉的研究受到德国于 20 世纪初期发展的完形知觉理论的影响，代表人物包括 Max Wertheimer、Wolfgang Kohler、Kurt Koffka 等。后来的知觉理论，如 Brunswik 提出的透镜模型（Lens Model），比较接近今天环境心理学家所使用的知觉参考架构。在 Brunswik 的理论假设里，在形成对环境的知觉时，人类扮演着主动的角色，人们依靠以往的经验，使每一时刻接收到的信息都有意义。如果从外界获得的感觉信息未经处理，其中会有错误信息，也容易令人误解。因此，感觉信息需要和以往的经验相结合，才能客观有效地评估外界状况。

环境心理学也可以回溯至社会心理学，代表人物有 Kurt Lewin，他利用完形的观点进行社会心理学的研究，认为个人的感知和行为是由当时他感觉到的客观世界中的所有事物相互之间的影响力所决定的。Lewin 的两位学生 Roger Barker 和 Herbert Wright 创立了第一个专门探讨环境心理学——人类行为如何受现实世界环境影响的研究机构，即 1947 年成立于堪萨斯州奥斯卡路萨镇的中西心理学田野研究站。Barker 和 Wright 的研究逐渐发展成为生态心理学，强调自然背景中自然发生的行为，生态心理学注重物理环境对行为的影响，同时也使人们就物理环境对人的影响的研究兴趣大增。在人类学方面，Edward Hall 出版了两本重要著作，即《无声的语言》(The Silent Language, 1959) 和《隐藏的空间》(The Hidden Dimension, 1966)，探讨人际空间距离对人类行为的作用，及其在不同文化背景下的差异，这两本著作对后来有关空间行为学的研究起到了重要的影响作用。此外，环境规划与设计专业对于环境心理学理论和研究也有所贡献（环境心理学的应用倾向可以表现为环境设计研究和建筑心理学等），Kevin Lynch 的代表著作《城市意象》(The Image of the City, 1960) 主张都市规划与设计不应该只考虑历史和美学、功能和效率，还应该考虑使用者对于环境的知觉与反应。

在 20 世纪 60 年代末至 70 年代初，环境心理学发展成为独立的研究领域，1968 年纽约市立大学成立第一个环境心理学博士班，并且成立了以环境心理学为主的学术刊物（1969 年出版第一份期刊《环境与行为》(Environment and Behavior)) 和专业组织（如 EDRA、IAPS、PAPER 等），此后对于环境心理学的研究日益蓬勃。

1978 年，以 P.A.Bell 为首的三人合著的《环境心理学》一书，给环境心理学下了一个比较确切的定义：环境心理学是对行为与构造和自然环境之间的相互关系进行研究的科学。McAnderw 认为，环境心理学是研究人与环境之间的互动关系，重点在于人类的行为、感受和人类的感觉如何受到物理环境的影响。总的来说，环境心理学是研究个体行为与其所处环境之间相互关系的学科。

环境心理学是服务环境研究的理论基础，所有服务环境的研究实践都离不开环境心理学的理论支撑。环境心理学认为人们的情感决定了他们做什么和如何去做。环境心理学理论在服务环境研究中的实践，属 Mehrbaina 等人的研究最具代表性。Mehrabian 和 Russell（1974）提出"刺激—机体—反应"（M-R 模型）模型，如图 2-2 所示。该模型的理论基础是通过物理环境创造出来的气氛，可以影响个体的内心状态，进而影响个体的决策和行为。M-R 模型被广泛地用于研究物理环境、顾客情绪以及顾客行为意图之间的关系。在 M-R 模型中，以环境代表刺激，以个人情感作用代替机体，趋近（Approach）与规避（Avoidance）的行为代表反应。Mehrabian 和 Russell 将个人对于环境的行为反应区分为趋近和规避两大类。趋近行为是针对某一特定环境的所有正向行为，如对商店的喜爱、享受在店内购物的愉快感觉、对他人感到友善、愿意下次继续在此店购物以及正向口碑等。而规避行为则恰好相反，是针对某一特定环境的所有负向行为，如不想在该环境中停留（Stay）、游历探索（Explore）、工作，或者是不愿意成为其中的一份子。其中的"情感"包括唤起（Arousal）与愉悦（Pleasure），唤起指刺激物增加了人体脑活动和自反应（心率、脉搏等），愉悦则是激起的兴奋状态。根据 M-R 模型，良好的服务环境能激起愉悦中枢或愉悦系统的兴奋，而带来愉悦感受，使顾客愿意接近服务组织，引发趋近的行为。

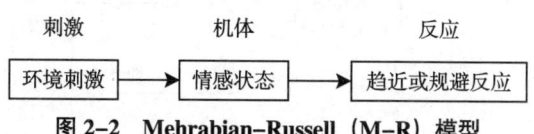

图 2-2 Mehrabian-Russell（M-R）模型

Donovan 和 Rossiter 将 M-R 模型应用于服务环境，发展出适用于服务领域与环境心理学的理论框架。在服务情境下，刺激物（Stimuli）是服务环境要素，顾客感知是对刺激物进行反应的有机体（Organism），环境要素推动顾客感知和评价，进而影响顾客的行为反应（Response），即选择趋近或者规避某个服务企业。M-R 模型认为服务环境的要素能够影响到顾客，顾客对服务环境的内在反应决定其行为方式。Donovan 和 Rossiter（1982）的研究表明，顾客情绪是影响顾客惠顾意愿和惠顾行为的重要中介变量，而且由环境引发的愉悦和唤起情绪会让顾客在店内停留更久的时间，提高购买的意愿。研究发现，顾客额外的时间及金钱的花费平均增加 12%，而且会提升顾客与服务雇员的互动意愿。

Bitner 在 M-R 模型的基础上针对零售环境提出了服务情境模型，如图 2-3 所示。她将服务过程形象地比喻成"发生在工厂里"，即服务的生产和消费是同时进行的。顾客在服务接触过程中一直处于一定的环境之中，这个环境会影响顾客对整体服务体验的感知，Bitner 将其称之为服务环境（Service Scapes），她认为服务环境包括服务企业可以控制的能够对顾客造成影响的全部的客观物理要素。服务情境模型将员工和顾客的感知分为认知反应（品质感知与信任）、情感反应（情绪

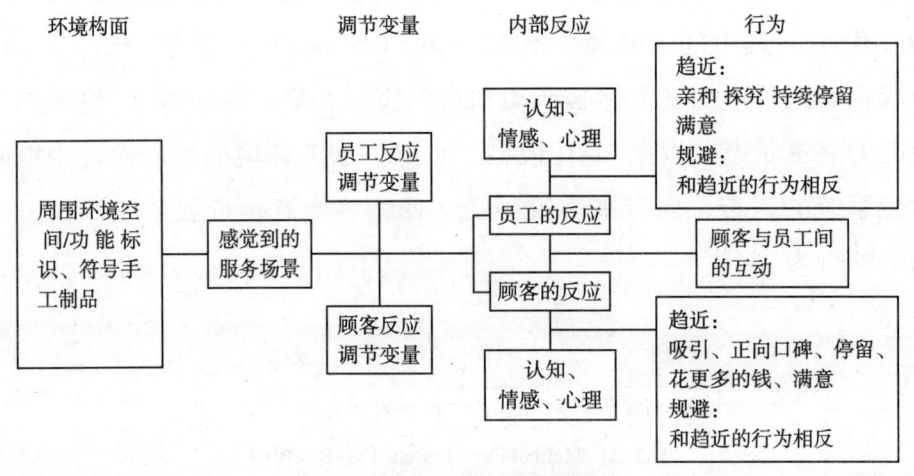

图 2-3 Bitner 的服务情境模型

和态度）以及心理反应（痛苦或舒服）三种。这些内在反应会影响和促使顾客行为的发生，行为变化包括了趋近和规避的行为倾向，趋近行为包括满意、正向口碑、停留等，规避行为则是相反。

二、服务环境

（一）服务环境的定义

对服务环境的研究始于20世纪70年代的美国，Philip Kotler于1973年在《零售业期刊》上发表了一篇题为"Atmospherics as a Marketing Tool"的文章，首开服务环境研究的先河。在这篇文章里，Kotler探讨了服务环境的定义与内涵等问题。Woo Gon Kim和Yun Ji Moon、Baker、Zeithaml和Bitner以及国内的陈觉、王辉鹏都从各自的角度对服务环境的概念与内涵进行了界定和分类，Bitner还根据活动执行者和环境复杂程度两个维度对服务环境的类型进行了分类。

对服务环境的称谓有很多种，如实体环境、服务场景、服务实景。"服务环境"（Service Scape）逐渐成为学术界普遍认同的学术专用名词。以往的研究对于服务环境的定义也不尽相同，如表2-9所示，对于服务环境的定义可以分为两大类，一类即服务环境为物理环境或实体环境，是有形的环境；另一类认为服务环境中的人会影响整体环境，因此也应将较抽象的社会环境纳入服务环境的定义中，如董士伟的定义。

（二）服务环境的维度

各位学者对于服务环境的维度划分也是各异的，如表2-10所示。Kolter和I.Lin从顾客知觉的角度来划分服务环境的维度；Binter、Zeithmal和Binter以及Woo Gon Kim、Yun Ji Moon等将服务环境限制在实体环境，对其维度进行划分；而Baker、董士伟和史章建在实体环境的基础上加入了社会因素，使服务环境成为有形要素和无形要素的统一体。

表 2-9 "服务环境"定义一览

序号	研究者	定义
1	Kolter (1973)	认为服务环境涵盖了能以视、听、嗅、触四个感官知觉感应的环境因素,以 Atmospherics 来统称
2	Mary Jo Bitner (1992); Woo Gon Kim, Yun Ji Moon (2009)	认为服务环境是环境属性的复杂混合物,它包括所有能够被企业控制并用来加强或者约束员工和顾客的实体物质因素
3	马龙龙、李智 (2002)	认为服务环境是构成服务产品内涵的必要有形组成,包括建筑、装潢、场所设计和背景条件等
4	陈觉 (2003)	把服务环境界定为服务者提供服务和顾客进行服务体验的物质环境,是服务产品的生产地,同时是顾客的消费场所;也是服务的物质载体,包括各种提供服务所需要的硬件设施、设备和物质空间
5	Roscoe Hightower 等 (2002)	认为服务环境是产品或者服务的购买场所
6	张振刚、肖田野 (2006)	将服务环境概念扩展到有形展示服务环境,可分为硬环境和软环境两大类。硬环境指的是企业服务内外的装饰、空间布局和设备等有形物体的总和;软环境包括服务场景中的温度、湿度、光度和声音等因素
7	王鹏辉 (2004)	服务环境是指旅行社向旅游者提供服务的场所,不仅包括影响服务过程的各种设施,而且还包括许多无形的因素;凡是会影响服务表现水平和沟通的任何设施都包括在内
8	董士伟 (2004)	顾客接受服务时身处的环境,即为服务场景(服务环境)

表 2-10 服务环境的维度划分

序号	研究者	定义
1	Kolter (1973)	视觉知觉,听觉知觉,嗅觉知觉,触觉知觉
2	Baker (1987)	潜在因素,设计因素,社会因素
3	Binter (1992), Zeithmal 和 Binter (1996)	潜在环境,服务环境的空间配置与功能性,标识、符号和装饰品
4	董士伟 (2004)	周围环境,硬件设施与设计方式,符号与标识,社会化环境
5	陈斌 (2006)	饭店内外环境,空间布局与功能,符号、标识与装饰物
6	史章建 (2008)	空间、标记、设备、周边条件及顾客群态
7	I.Lin (2004)	视觉,听觉,味觉
8	Wakefield, Blodgett (1996)	布局顺畅性,建筑美学,座位舒适性,电子设备和布置,清洁性
9	Wakefield, Blodgett (1999)	建筑设计及布置,电子设备,周围环境
10	Lucas (2003)	布局导航,清洁度,座位舒适度,内部装饰,周围环境
11	Ryu and Jang (2007)	建筑美学,灯光,周围环境,布局,餐具
12	Newman (2007)	空间,路径导航
13	Woo Gon Kim, Yun Ji Moon (2009)	周围环境,展示的美感,布局,电子设备,座位舒适度

从以上的维度划分来看,服务环境可以分为两个方面:有形环境

(实体环境)和无形环境(社会环境)。其中,有形环境指的是服务企业内外的装饰、空间布局和设备等有形物体的总和。一定形式的服务设施、服务场景的设计或布置,可以调节顾客密度,使顾客尽可能地避免或较少受到其他顾客干扰,促进顾客与其他顾客的良性互动。例如,为吸烟的顾客设立吸烟区,既满足了吸烟者的需要,又使非吸烟者免受烟害。在一些服务场所设立儿童活动区,避免他们对其他顾客的干扰。柔和的灯光、舒缓的背景音乐以及隔音(或吸音)材料的使用则有助于减少吵闹,也便于顾客间的交流,服务区和等候区的清晰分界以及排队分隔也有助于减少顾客之间的相互侵扰。无形环境包括服务场景中的温度、湿度、光度和声音等周边条件因素。此外,还包括服务人员的衣着仪表和顾客群态(顾客群态指顾客群体的特征,如性别、社会层次等)。

在本书中,服务环境界定为顾客在接受服务时所处的服务场景,包括有形环境和无形环境。服务环境感知为顾客对于接受服务时所处环境质量的感知。

三、背景音乐

(一)音乐及背景音乐的作用

在我国古代,向来重"礼"、"乐"。《乐记》中说:"先王之制礼乐也,非以极口腹耳目之欲也。将以教民平好恶,而反人道之正也……乐至则无怨。乐行则伦清,耳目聪明,血气平和,移风易俗,天下皆宁……"从中可以看出音乐对人生理和心理的作用,而且学者认为音乐对社会的和谐有着举足轻重的作用。我国古代思想家孔子非常重视积极有为的精神修养。他主张通过学习诗、礼、乐等来陶冶人们的性格,培养高尚的情操。他在《论语》中写道,"兴于诗,立于礼,成于乐"。其含义是学习诗歌能振奋人的精神,增强进取心;学习礼仪能使人立足于社会;学习音乐则会陶冶人的情操,修养性格。

在国外，同样注重音乐的作用。古希腊十分重视音乐，认为E调安定，D调强烈，C调和蔼，B调哀怨，A调高扬，G调浮躁，F调淫邪。亚里士多德认为C调最宜于陶冶青年人。贝多芬认为音乐有感化人、塑造人、拯救人的作用，"音乐应当使人的精神爆发出火花"，"音乐是比一切智慧、一切哲学更高的启示，谁能渗透我的音乐意义，便能超脱寻常人无法自拔的苦难"。他的音乐正是诠释着这一观点，强烈地表达了他内心的情感世界。

音乐没有国界，地球上任何种族对音乐都有着几乎一致的感觉，舒缓轻松的音乐让人心情愉悦，激情迸射的音乐让人振奋，低沉徐缓的音乐让人感到失落孤独。21世纪以来，购物环境越来越受到服务企业的关注，它们开始注重与顾客的情感交流，为顾客提供各种便利，拉近与顾客之间的距离。其中，背景音乐如看不见的潜流，无处不在，轻轻流淌，给宾客以美妙享受的同时，也显示着环境的高雅与舒适。

英国兰斯特大学心理学家诺斯博士在一次"超市音乐"研究中发现，不同的音乐对不同顾客的购物欲可能会带来意想不到的影响。诺斯在研究中特意在当地一家超市的货架上摆放了同等数量且价格、知名度、风味均处在同一档次的法国和德国葡萄酒。按照常理，顾客必然会根据自己的偏爱和经验进行葡萄酒的选购。但有趣的是，当超市播放法国风情音乐时，法国酒的销量是德国酒的5倍之多；相反当超市播放德国啤酒节音乐时，德国酒的销量又比法国酒多了1倍。如此看来，顾客们似乎倾向于购买那些与音乐相"协调一致"的酒。

另据在美国所作的类似研究，古典音乐会让一部分顾客明显增加购买欲，小夜曲会鼓励一部分男性在为恋人购买礼品时更舍得花钱，轻音乐会驱使一部分顾客倾向于购买便宜货，而摇滚乐则可能迫使一部分顾客在购物过程中出现优柔寡断心态，从而在一定程度上抑制了他们的购物欲望。

由此可见，悠扬适宜的背景音乐，不仅能够提高环境品质，而且能够营造宽松的购物气氛。音乐非常有益于促销，它是塑造店内气氛的重要手段，而且是最简易的方式；它是创造商场气氛的一种有效途径，同时也影响着消费者的情绪和购物愿望。

（二）背景音乐的定义

背景音乐简称 BGM，是 Background Music 的缩写，目前对背景音乐还没有一个统一的定义，一些学者根据自己的研究情景给出了定义。Yang 和 Spangenberg 根据表演者和歌词的有无等因素将音乐分为前景音乐（Foreground Music）和背景音乐（Background Music）。背景音乐与前景音乐的本质区别在于，音乐本身是不是人们当前的核心活动。前景音乐是有特定的表演者且有歌词的音乐，而背景音乐则是一些没有特定的表演者弹奏的没有歌词的音乐。而 Park 和 Young 等学者认为，背景音乐与是否有歌词无关，只要是为了渲染气氛而使用的音乐都可以称为背景音乐。但是比较一致的看法还是背景音乐是用来渲染气氛的。

基于前人对背景音乐的定义，本书将背景音乐界定为无歌词和特定表演者，为了渲染气氛而使用的器乐音乐。也就是说，背景音乐是作为次要活动，为改善人们当前活动的听觉环境而采用的音乐。

（三）背景音乐的研究现状

对于音乐和人之间的关系研究最早就是从音乐对人的情绪影响开始的，情绪导致态度的改变，而态度决定行为，从而预测音乐和行为的关系。

Francine V. Garlin 和 Katherine Owen 通过对大量在零售和服务领域关于背景音乐研究文献的梳理和元分析，对背景音乐的影响进行了总结。他们对 150 篇相关文献进行比较分析，最后识别出背景音乐影响的五类变量，如表 2-11 所示。

从表 2-11 可以看出，在以往的研究中，针对背景音乐对情感影响的研究最多，占到 41%，其中包括情感和情绪；背景音乐对态度/认知

表 2-11 背景音乐研究中涉及的因变量

变量分类	文献百分比 (%) (n=150)	具体变量
情感变量	41	情绪，唤起，愉悦，情感，怀旧
经济回报变量	15	销售额、重复购买、购买的商品、花费速度、购买的数量、毛利
态度/认知变量	24	兴趣、品牌忠诚、产品评价、质量感知、体验满意度、视觉刺激感知、服务质量感知、价格灵敏性、期望、意图、社会身份、身份感知
时间效应变量	10	实际（感知）工期、服务时间、意外时间、服务顾客的时间、决策的时间、消费的时间、听音乐的周期
行为变量	10	惠顾频率、店家的选择、行为速度、友善行为、店内流量、冲动行为、服务推荐、在服务前离开的顾客数

资料来源：Francine V. Garlin, Katherine Owen. Setting the tone with the tune: A meta-analytic review of the effects of background music in retail settings. Journal of Business Research 59 (2006): 755-764.

变量的影响研究占到 24%。对经济回报变量的影响占到 15%；对时间效应和行为变量的影响研究分别占到 10%。

背景音乐在中国的起步比较晚。改革开放以来，最早被介绍进入中国的国外背景音乐研究成果是日本服不整、苎阪良尔等著的《背景音乐美学》（司有仑、王凤岐等翻译），这一著作为我国相关领域的专家和学者开启了背景音乐领域研究的大门。近年来，随着科技的发展，音乐与其他学科相互融合，产生了与音乐有关的交叉学科，如音乐心理学、音乐地理学、音乐治疗学等学科。音乐的社会功用价值几乎渗透到了生活的各个方面。同样背景音乐的理论水平也在不断地提高和发展，对音乐的实践活动的指导性也日益加强。

（四）背景音乐与情感

其实，对于音乐和人之间的关系研究最早是从音乐对人的情绪影响开始的，情绪导致态度的改变，而态度决定行为，从而预测音乐和行为的关系。20 世纪 Burler（1973）提供了一个参考目录，其中包括了 7 种语言的近 900 个文献，其目的就是要找到研究音乐心理学的某种方法。一位音乐和神经心理学领域的著名学者 Manfred Clynes（1975，1977，1980）指出，对于神经系统而言，选择恰当的音乐播放就类似于一把钥匙和一个锁头的关系，刺激大脑运转的同时带来情绪的反应。但是过去的一个世纪中，音乐作为一种强有力的情绪刺激工具的观点并没有得到一致认同，一些研究人员都在不断地探索这个观点。

在现有的文献中，很多研究都是以不同的音乐构成要素为切入点，来研究音乐对人的情绪影响的。关于音乐构成要素的分类，并没有研究给出明确的定义。大多数研究都集中在节奏和音调这两个音乐的重要构成要素上，同时还有学者进行实证检验（Henkin，1955，1957；Nielzenandeesaree，1982）；也有部分学者对音乐的其他构成要素，如音乐类型对情绪的影响作用也进行了研究。

（五）音乐与行为

音乐是环境要素中最容易控制的变量，也是操控成本最低的变量，因此了解音乐对消费者行为的影响作用对管理者来说是非常重要的。已经有很多学者对音乐对消费者行为的影响作用进行了研究（North 和 Hargreaves，1996a；Yalch 和 SPangenherg，1990；Milliman，1982，1986；CLare 和 Sally，2002；Seviginetal.，2005；Irena 等，2007）。在音乐和行为的相关文献中，不同的学者就音乐的不同方面做了相关的研究，其中比较典型的有背景音乐的有无对消费者行为的影响（Park 和 Young，1986），不同的音乐类型对消费者行为的影响（Areni 和 Kim，1993），消费者对音乐的喜好程度对其行为的影响（Oorn，1982；Yalch 和 Spangenberg，1993），音乐的具体某个构成要素对消费者行为的影响（Smith 和 Cumow 1966；Aipert，1990）。

第三节 消费情感

一、情感及消费情感的定义

人非草木，孰能无情？每个人在日常生活中都会产生情感，不同的情感会对人的行为产生不同的影响。人们对情感的表述和研究从古代延续到今日，南宋傅亮在《为宋公求加赠刘前军表》中写道："金兰之分，义深情感，是以献其乃怀，布之朝听"；汉朝王粲在《柳赋》中写道："枝扶疏而覃布，茎森梢以奋扬。人情感于旧物，心惆怅以增虑"；《心理学大辞典》中认为"情感是人对客观事物是否满足自己的需要而产生的态度体验"；一些心理学课程认为"情绪和情感都是人对客观事物所持的态度体验，只是情绪更倾向于个体基本需求欲望上的态度体验，而情感则更倾向于社会需求欲望上的态度体验"；《中庸》将人类的情感分为喜、怒、哀、乐四类；《礼记·礼运》将人类的情感归纳为"喜、怒、哀、惧、爱、恶、欲"七类；我国心理学家林传鼎发现《说文》中有354个描述人们情感表现的正篆文字，他按这些文字的含义，划分出安静、喜悦、愤怒、哀怜、悲痛、忧愁、烦闷、恐惧、惊骇、恭敬、抚爱等18类情感。

对于消费情感，学术界还未给出统一的定义，不同的研究者根据不同的研究视角，提出了不同的观点。

Havelena 和 Westbrook 认为，消费情感指顾客在使用产品和接受服务的消费过程中产生的一系列情感反应。人们可以用高兴、生气、害怕等词汇描述各种在消费过程中产生的情感反应。梅龙和杜伯认为："消费情感是顾客对产品和服务的属性与顾客对自己最终获得的消费体验的情感性反应"。

通过以上列举的消费情感典型的定义，在本书中将顾客消费情感定义为顾客在特定的情境中使用产品和接受服务而产生的一系列情感状态和情感变化的过程，顾客消费情感具有动态变化性，可以通过一定的手段进行测量。

二、消费情感的分类与测量

近年来，许多国内外消费行为学者对顾客消费情感的分类进行了深入的研究，如表 2-12 所示。

表 2-12 消费情感的分类

研究者	消费情感的分类
Edell 和 Bruke（1987）	乐观、消极、温暖
Westbrook（1987）；Oliver（1993）；Debiax（1995）；Dube 和 Morgan（1998）；Phillps 和 Baumgartner（2002）	积极情感、消极情感
Olney 等（1991）；Holbrook 和 Gardner（1993）	愉悦、唤起
Mano 和 Oliver	乐观、积极、温暖；积极和消极
Nyer（1997）	愤怒、高兴/满意、悲伤
Richins（1997）	气愤、不满、焦虑、恐惧、悲伤、羞愧、羡慕、孤独、浪漫、喜爱、安静、满意、乐观、欢乐、激动、惊讶
Ruth 等（2002）	喜爱、幸福、骄傲、感激、恐惧、愤怒、悲伤、内疚、不安、尴尬
Smith 和 Bolton（2002）	愤怒、不满、失望、自怜、焦虑

资料来源：Lzros & Steenkamp，2005.

澳大利亚心理学家爱德华森为了了解消费者在产品和服务的消费过程中经历的消费情感，对 368 位消费者进行了深度访谈，让他们描述出所经历的情感状态。这些受访者共使用了 220 个词汇进行了描述。他们使用最多的 10 个词汇是气愤、快乐、失望、烦恼、沮丧、满意、急躁、轻松、激动和愤怒。

美国的消费者行为学家瑞金斯使用多维标度法，研究了顾客在产品和服务消费过程中最常经历的情感。这些情感包括气愤、不满、焦虑、恐惧、悲伤、羞愧、羡慕、孤独、浪漫、喜爱、安静、满意、乐观、欢乐、激动、惊讶16类。

威斯顿、泰勒根提出了著名的双因素情感模型，他们把顾客的消费情感划分为积极情感（Positive Affect）和消极情感（Negative Affect）。积极情感包括"高兴"（Happy）、"惊喜"（Delighted）、"满意"（Pleased）、"兴趣"（Entertained）四类，消极情感则包括"沮丧"（Unhappy）、"失望"（Disappointed）、"恼怒"（Annoyed）、"无趣"（Bored）四类。

美国心理学家罗素认为人类的情感有两个相对独立的维度，即"愉快—不愉快"维度和"激动—平静"维度。他把人类的情感划分为非常愉快的情感、非常不愉快的情感、激动的情感、平静的情感四类。例如，惊喜是令人非常激动的愉快情感，而轻松是人们内心比较平静的愉快情感，愤怒是令人非常激动的不愉快情感，而沮丧是人们内心比较平静的不愉快情感。

杜建刚和范秀成的研究将消费者的正、负面情感作为两个独立的单级概念，用高兴、愉快、激动、舒畅、自豪、放松、愉悦、感动等测量消费者的正面情感，用失望、愤怒、后悔、烦躁、不快、内疚、郁闷和厌恶测量顾客的负面情感。

三、消费情感与顾客行为的关系

20世纪初，英国心理学家麦克道格尔研究人们的情感和行为之间的关系。他认为，人们所有有目的的行为都要受到复杂情感的影响，顾客行为也不例外。

随着心理学的发展，人们对情感、动机与行为三者之间关系的认识进一步加深。美国心理学家伊扎德的"动机—分化"情绪理论认为，情绪具有典型的动机性和适应性功能，情绪决定认知过程的选择性、方向性以及后续的行动。美国心理学家Frijda认为情感影响人们的行为意向，正面的情感对行为有促进和推动作用，而负面的情感则对行为起干扰和破坏作用（何云、汪纯孝，2006），许多学者的研究结果支持他们的观点。美国学者福克斯等人通过对在机场97位候机的乘客的访谈发现，航班延误后，乘客的消极情感显著影响乘客的再购意向和投诉意向。美国学者莱尔的实证研究表明，顾客积极情感显著正向影响顾客的再购意向和口头宣传意向。美国营销学教授爱伦等人通过对献血者的调研发现情感可影响人们的行为意向。杜建刚、范秀成通过录像模拟试验法，探讨服务补救中情绪对补救后顾客满意和行为的影响，研究发现，在服务补救中，正面情绪正向影响功利补偿与象征补偿，负面情绪则反之。同时还发现服务人员的情绪会影响顾客补救后的满意度与行为倾向。

第四节 感知服务质量

服务质量是服务管理的核心，美国学者 Ryamond Fisk 等（1995）指出，服务质量是迄今为止服务营销和管理领域研究最多的主题。

一、感知服务质量的定义

到目前为止，虽然国内外学者已经围绕质量问题进行了大量的研究，但是不同学术背景的学者，由于研究目的的不同，对质量的定义也不尽相同。在营销和经济学领域，人们认为质量依赖于产品特性的水平；在作业管理领域，人们常常认为质量由两个维度组成，即合用性和可靠性。在服务管理领域，人们把质量看做对产品或服务的总体评价。

对于服务质量的定义，有许多研究者也做出了不同的解释。

Gronroos 提出了"感知服务质量"的概念。他认为,服务质量是由消费者感知的,即服务质量是一种"感知服务质量"(Perceived Service Quality),并将感知服务质量定义为"消费者对期望(Expectation)服务与实际感知的服务(Perceived Performance)之间的比较"。实际感知的服务大于期望的服务,则消费者感知服务质量是良好的。Lewis 和 Booms 把服务质量定义为"一种衡量企业服务水平能否满足顾客期望程度的工具"。与 Gronroos 的观点类似,Lehtinen 指出,服务质量是为消费者所感知的质量,具有主观性,是消费者通过对比他们认为服务提供者应该提供的服务与他们实际感知的服务而产生的。Carman 则提出,服务质量可以看做接受服务时所感受的服务水平。在服务管理研究中,被广泛认可的关于感知服务质量的定义是由 Parasuramna 等人提出的:它是指消费者对具有普遍水平的服务提供商的服务实际水平的期望和其对该行业内某一具体企业的真实绩效的感知间的差距,并且这一总体差距是由一些具体的差距引发的。在这里,"感知"被定义为"消费者对所接受的服务的判断";"期望"被定义为"消费者的渴望和向往,即消费者认为服务提供者应该而不是其愿意提供的服务水平"。

二、感知服务质量的维度和测量

1982 年,格朗鲁斯率先提出了顾客感知服务质量的概念和总体感知服务质量模型(the Model of Total Perceived Service Quality)。格朗鲁斯创建的感知服务质量评价方法与顾客差异结构(Confirmation Construct)用来衡量服务体验、服务结果与顾客期望吻合程度的方法,至今仍然是服务质量管理研究最为重要的理论基础。

此后,众多学者对服务质量的测量展开了研究,表 2-13 总结了一些代表性人物的维度划分标准。

表 2-13 感知服务质量维度

分类	感知服务质量的维度
Gronroos, 1982	技术质量、功能质量、公司形象
Paresuman, Zeithaml 和 Berry, 1985	可靠性、响应性、胜任力、便利性、礼貌性、沟通性、信用性、安全性、熟知性、有形性
Paresuman, Zeithaml 和 Berry, 1988	可靠性、响应性、有形性、保证性、移情性
Lehtinen, 1991	物理质量、公司质量、过程质量
Rust 和 Oliver, 1994（转引自：Brady 和 Cronin, 2001）	服务产品、服务传递和服务环境
Brady 和 Cronin, 2001	过程质量、物理环境质量、结果质量

PZB 指出，SERVQUAL 模型在对服务质量趋势进行定期跟踪上最具有价值，并且使用时可以和其他的模型相结合。SERVQUAL 测量模型可广泛地适用于某一特定组织特殊需求的研究。

在本书中，为了提高测量的效率，需要简化测量过程，对顾客整体服务质量感知进行评价，以此测量顾客感知的服务质量。

三、感知服务质量与顾客行为倾向的关系

Oliver 指出，行为倾向最初是个人对一个产品或服务态度的函数，即 intention (t1) = f (attitude (t1))。但是，由于顾客满意在上次顾客感知服务质量对本次顾客感知服务质量的影响过程起中介作用，他又将行为倾向的函数做了修改：intention (t2) = f (intention (t1), satisfaction, attitude (t2))。此后，许多学者对感知服务质量与行为倾向之间的关系进行了研究。Cronin 和 Taylor 的研究得出服务质量对顾客行为倾向没有直接的影响，但是，通过顾客满意作为中介变量对顾客行为倾向产生影响。

Taylor 和 Baker、Llusar 和 Tena 对产品和服务的研究、Lee 和 Hwan 通过中国台湾网络购物的研究发现感知质量对顾客行为倾向产生重要的影响并且这种影响是通过顾客满意来施加的。PZB 的研究表明感知服务质量通过感知价值对行为倾向产生影响。Murray 和 Howat 通过对澳大利亚体育和休闲中心的实证研究得出：服务质量通过顾客满

意对行为倾向产生影响，同时顾客满意在对行为倾向产生影响的过程中受到顾客价值的中介作用。与之相反，Boulding 等的研究表明，感知服务质量是顾客行为倾向的一个前因变量，对顾客行为倾向有直接的影响。PZB（1996）和汪纯孝等的研究也都证明，感知服务质量对消费者的行为倾向有正向的直接影响。Chiu 的研究证明，消费者对服务质量的认知成分和情感成分都与他（她）的行为倾向正相关。

由于这些不同观点的存在，本书试图研究感知服务质量对顾客公民行为倾向的影响机理。

第五节 文献述评

通过上述的对本书相关理论基础和研究文献的梳理，我们发现对顾客公民行为影响因素的相关研究为更好地理解顾客公民行为的形成机理、解释顾客公民行为现象做出重要贡献，但是在众多的研究中还存在一些不足之处。

第一，顾客公民行为的影响因素的研究还有一定的局限，过去的研究只限于对企业中"软要素"的感知，如顾客感知公平、感知承诺等，而缺乏对服务环境等"硬要素"的感知，对顾客公民行为影响的研究。在服务递送中，与顾客体验及行为紧密相关的服务环境得到了一些学者的关注，研究其与顾客行为之间的关系，但是还没有研究和考虑服务环境对顾客公民行为的影响，顾客服务环境感知对顾客公民行为的作用关系研究对加深理解顾客公民行为相关理论有着重要意义。

第二，有的学者对服务环境的单个构成要素，如音乐、色彩及气味等对顾客行为的影响进行了研究，有的学者对整体服务环境进行研究。这些研究的方式多样，有推理方式、归纳方式、综述方式，还有实证研究。但是还没有对服务环境的单个构成要素及其整体服务环境对顾客公民行为的影响进行研究。因此，无论从服务环境中选取具有代表性的要素，还是整体服务环境，研究它们对顾客公民行为的影响，都对丰富顾客公民行为理论具有重要意义。

第三，背景音乐作为服务环境的典型因素，很多学者对其进行了研究。如背景音乐的结构性特征——音乐类型、音乐音量、熟悉程度、节奏和民族性会对顾客行为产生影响。但是这些结构性因素以及背景音乐与环境的一致性（背景音乐的外在因素）是否会对顾客公民行为产生影响及如何影响，还未有文献进行探讨，需要进一步进行实证研究。

第四，关于环境刺激对顾客行为的影响，有的学者认为情感和认知起到中介作用，顾客情感和认知在服务环境与顾客公民行为之间究竟发挥什么作用，对此还没有进行研究探讨，在服务环境和顾客公民行为之间是否具有调节变量，也是不得而知，对此需要深入探讨。

本章小结

本章对现有国内外的顾客公民行为、服务环境、背景音乐、顾客消费情感及顾客感知服务质量相关理论进行梳理，具体而言：①本章从顾客公民行为的研究演进出发，分析了顾客公民行为研究的不同特征；根据文献，对顾客公民行为的概念和特征进行了界定；根据以往研究对顾客公民行为的测量，对相关文献中的9个顾客公民行为测量量表进行了比较分析，并提出结论和建议；对顾客公民行为的影响因素和结果变量进行总结。②本章对服务环境相关理论进行综述，包括环境心理学、服务环境及服务环境感知概念的界定、测量等，同时对背景音乐及其作用及研究现状进行综述。③本章在对情感和消费情感概念及基本特征分析的基础上,对消费情感和顾客行为之间的关系进行了分析。④对感知服务质量的定义、维度和测量进行综述分析,并探讨了感知服务质量与顾客行为倾向的关系。⑤根据本书研究的目的,对相关文献进行述评。

综上所述,本章是全书定量分析的理论支撑,针对服务环境、背景音乐、顾客公民行为倾向、顾客消费情感和感知服务质量之间的相互关系以及互动规律的相关分析和探讨将在以后的章节中详加叙述。

第三章 背景音乐结构性因素对顾客公民行为的影响研究

探讨背景音乐结构性因素（包括音乐类型和节奏）对顾客公民行为倾向的影响，通过现场实验法收集数据，进行效度和信度分析，利用方差分析验证音乐类型和节奏之间的交互作用和各自的单纯主效用，给出研究结果。

第一节 研究假设

众所周知，背景音乐影响顾客的行为，在很多自然实验中都表明音乐的类型、节奏等结构性因素影响顾客的行为。近日，《法制晚报》与新浪生活频道联合推出了消费者关于商场背景音乐感受的调查，结果显示：绝大多数消费者都喜欢商场播放背景音乐。但是，由于背景音乐声音过大、节奏过快等原因，有接近80%的消费者表示曾对商场的背景音乐感到烦躁不安，甚至有很多消费者因为背景音乐过于吵闹而离开商场，放弃了消费。尽管很多消费者对多数商家的背景音乐不满意，但事实上，有86%以上的消费者还是希望商场播放背景音乐，而且近96%的消费者认为商场背景音乐的质量对商场档次、形象有影响。

Milliman 研究了在超市中背景音乐节奏的影响，他发现快节奏的音乐提高了顾客流量，但是降低了销售额。在饭店进行的实验中，Milliman 发现慢节奏的音乐会延长顾客的停留时间，而且增加花费。McElrea 和 Standing（1992）观察到快节奏音乐会显著地降低消费时间，然而 Roballey 等（1985）发现当顾客在自助餐厅就餐时，播放快节奏背景音乐比在慢节奏或者没有音乐的情景下，顾客的流量会显著提高。

另外，音乐类型也会影响顾客的行为。Areni 和 Kim 通过对啤酒商店播放古典音乐和流行音乐的比较发现，古典音乐更能提高销售额，并且会使顾客选择更贵的商品。这与 Yalch 和 Spangenberg 的研究是一致的，他们同样发现古典音乐会使顾客选择更贵的商品。North 等的实证研究发现，顾客选择法国或德国啤酒与背景音乐的国别紧密关联，法国音乐会提高法国啤酒的销售额，德国音乐则会增加德国啤酒的销售额。

从以上的研究发现，背景音乐的类型、节奏对顾客行为的影响显著。在前人的研究中，顾客行为主要是顾客在服务场所的停留时间、顾客流量等。顾客在服务场所的停留时间长，说明顾客倾向于该服务企业，属于一种顾客趋近行为。而顾客公民行为中的正向口碑（推荐）、帮助其他顾客也是属于一种趋近行为，因此我们可以有下面的假设：

H_1：背景音乐的类型对顾客公民行为倾向有显著影响。

H_2：背景音乐的节奏对顾客公民行为倾向有显著影响。

H_3：背景音乐的类型和节奏对顾客公民行为倾向的影响存在交互作用。

第二节 研究设计

以实验为基础的调查与以询问或观察为基础的调查相比，有着根本的区别。实验法是采用归纳法的逻辑，通过科学设计的实验收集数据，进行统计分析和假设检验，以达到实验样本对总体的推断。

为了更好地验证假设、实现研究目的，本调研选用现场实验法进行数据的收集。

一、调查场所的选取

随着中国经济的高速发展，居民的生活水平不断提高，休闲消费逐渐成为服务消费的热点。作为休闲服务业的一种典型业态，休闲餐饮——全新的用餐理念和融合餐饮、娱乐、休闲、洽谈、表演、健身等多种形式而成为一种时尚，在满足人们口腹之欲的同时，也带给了人们新的生活态度、价值理念和行为方式。大众点评网发布的"2009年度北京、上海、广州、杭州、南京五大城市休闲消费报告"显示，休闲餐饮发展迅速，2008年5月至2009年5月，五大城市休闲餐厅商户从4470家增至6165家，同比增长37.9%，近几年更有迅速增长势头。

提到休闲餐厅，人们就会想到悠扬的音乐、柔和的灯光、幽静的气氛、精美的装饰和彬彬有礼的服务，可见服务环境对于休闲餐厅经营是至关重要的。在休闲餐厅中，顾客往往通过它的环境因素来认知其倡导的文化和理念，获得独特的服务体验。因此，本书选用休闲餐厅作为现场实验和收集数据的场所。

二、样本的选择

本调研选取的是沈阳市位于中街商业区附近的一家休闲餐厅,该家餐厅的人均消费额在50~100元,跨期为连续的6天,开始于2009年12月9日,结束于该年的12月14日,并且在晚餐时间进行,以尽可能消除样本偏差。

实验人员在连续六天内,每天晚上从六点开始,在背景音乐音量既定的条件下,第一天播放古典/慢速音乐;第二天播放流行/慢速音乐;第三天播放古典/快速音乐;第四天播放流行/快速音乐;第五天播放古典/慢速音乐;第六天播放流行/快速音乐。在音乐播放期间,调查人员邀请已经用餐完毕等待结账的顾客参与调查,并通过赠送小礼品等方式提高顾客参与的积极性。

为了达到调查效果,要求被调查者视力和听力均正常,且无耳鸣现象,精神状态正常。

三、变量的测量

(一)变量的测量

1. 背景音乐结构性特征

Bruner 提出"音乐并不只是声波的简单聚合,而是一组可控元素的复杂化合物"。音乐可以分为以下几个维度:音色(音乐的质地,这其中包括音量)、韵律(一组旋律的重音组成形式)和音速(韵律行进的速度和频率)。

本书主要进行背景音乐结构性因素对顾客公民行为影响的研究,其中背景音乐的结构性因素选取了两个变量,即音乐节奏(速度)和音乐类型,它们作为自变量,因变量为顾客公民行为,这里用顾客公民行为倾向进行测量。

为了更好地控制音乐这个变量,背景音乐在播放时全部选用乐曲,其中自变量音乐类型分为古典音乐和现代音乐两种，从备选的 40 首乐曲中，请音乐方面的专家进行分类，分成古典音乐和现代音乐，在不同时间进行播放。

对于音乐节奏这个自变量的界定，参照 Milliman（1986）提出的，后来被 Herrington、Caldwell 和 Hibbert 等学者应用的原则。如果音乐节奏在 94BPM（Beats Per Minutes）或以上的音乐被界定为快速音乐，而音乐节奏在 72BPM 或以下的音乐被界定为慢速音乐。本调研将备选的 40 首乐曲由相关的专家进行了筛选和修正，并借用节拍器准确计算每首乐曲的速度值，然后分别抽取快速音乐和慢速音乐进行播放。

2. 顾客公民行为倾向

最早对顾客公民行为进行测量的是美国学者 Bettercourt 在 1997 年开发的 CVP 量表，该学者以百货零售业为调查范围，通过概念定义和文献回顾生成顾客自愿行为的 3 个维度（忠诚、合作和参与），共 17 个问项。

澳大利亚学者 Groth 在 2005 年选取互联网服务递送为调查范围，利用 Q-分类技术，采用去情景化自行开发了 CCB 量表，该量表共分为 3 个维度（推荐、帮助其他顾客和提供反馈意见），共 12 个项目。该量表问项数目适中，之后多名学者采用该量表对顾客公民行为进行测量，如 Youjae Yi 利用该量表采用直接翻译取向选取韩国首尔某体育训练中心为调查范围，并对顾客公民行为进行测量；谢礼珊在 2008 年以国内某旅游网站为研究范畴，在对服务公平性与顾客公民行为的关系进行研究时，利用该量表对顾客公民行为进行测量。

Bove 借鉴以往的研究，利用归纳法总结出顾客组织公民行为的 8 个维度（正向口碑、亲近关系的展示、公司活动的参与、服务促进的良好举动、灵活性、服务促进的建议、顾客声音、对于其他顾客的监督），通过信度、效度分析及验证性因子分析，29 个问项被保留下来。

Youjae Yi 在 2008 年针对高级工商管理研修班（B2C）和制造业中

购买方（B2B）进行顾客公民行为研究，以往研究对顾客公民行为测量的指标为反映式指标，该量表利用构成式指标进行测量，量表的生成采用修改取向。其中，B2C 最终量表由 7 个问项组成，B2B 最终量表由五个问项组成。该学者在 2011 年研究顾客参与和公民行为与员工绩效、满意等变量关系时，利用演绎法在 Bettercourt 量表的基础上，生成具有 3 个问项的量表来对顾客公民行为进行测量。

Bartikowski 对法国银行业、零售业和快餐业共计 583 名顾客公民行为进行测量，探讨公司声誉与顾客公民行为之间的调节变量，量表在 Groth（2005）提出的量表基础上生成，包括帮助其他顾客和帮助企业两个维度，共 6 个问项。

Johnson 和 Rapp 在 2010 年对顾客帮助行为进行了更深层次的理论探讨，并按照量表开发的步骤生成顾客帮助行为量表，量表分为两个版本（包括营利性企业和非营利性企业），其中针对营利性企业的顾客帮助行为测量量表包括 7 个维度、24 个问项，针对非营利性企业的顾客帮助行为测量量表包括 8 个维度、27 个问项。

本书结合以往文献，以 Groth 和 Bettercourt 的顾客公民行为测量量表为基础设计顾客公民行为倾向的测量量表，具体如表 3-1 所示。

表 3-1 顾客公民行为倾向的测量量表

变量名	编号	问项	参考来源
顾客公民行为倾向	CCB1	把这个餐馆推荐给我的朋友	Groth（2005）；Bettercourt（1997）
	CCB2	向朋友提起这个餐馆	
	CCB3	在就餐中帮助他人	
	CCB4	帮助某人正确地完成就餐过程	
	CCB5	向其他顾客解释如何正确地完成就餐过程	
	CCB6	填写顾客满意调查表	
	CCB7	我向餐馆提供如何促进服务的反馈意见	
	CCB8	如果我有促进服务的意见，我会让餐馆的某个人知道	
	CCB9	当接收到某个员工优秀的服务时，我会向企业反馈	
	CCB10	将该企业推荐给对该企业产品/服务感兴趣的人	
	CCB11	当被企业调查时提供信息	

(二) 调查方法的选择

本调查利用现场实验法和问卷调查法进行数据的收集，顾客公民行为倾向调查问卷包括问卷介绍、个人信息和问卷正文（详见附录一）。

(三) 小规模访谈

通过对调查对象的小规模访谈，可以删除问卷中不必要的问题，补充重要的问题，以及对问题的提法和措辞做重要的修改。在调研中，为了提高测量量表的内容效度，发放了10份初始问卷，进行初步测试。发放对象包括3名博士生、4名硕士生、3名服务企业员工。在访谈中，我们告知调研对象研究内容及各变量的关系及内涵，请其提出修改、删除及添加的建议。调研对象对于问卷的总体设计、测量问项的语意模糊、问项存在重复等问题给出了建议。在小规模访谈的基础上，对调研问卷的题量、问项的措辞等进行了完善，最后形成顾客公民行为倾向潜变量9个测量问项，具体如表3-2所示。

表3-2 访谈修正后研究变量汇总

变量名	编号	问项	参考来源
顾客公民行为倾向	CCB1	把这个餐馆推荐给我的朋友	Groth (2005); Bettercourt (1997)
	CCB2	在就餐中帮助他人	
	CCB3	帮助某人正确地完成就餐过程	
	CCB4	向其他顾客解释如何正确地完成就餐过程	
	CCB5	填写顾客满意调查表	
	CCB6	我向餐馆提供如何促进服务的反馈意见	
	CCB7	如果我有促进服务的意见，我会让餐馆的某个人知道	
	CCB8	当接收到某个员工优秀的服务时，我会向企业反馈	
	CCB9	将该企业推荐给对该企业产品/服务感兴趣的人	

(四) 问卷前测

为保证问卷的质量，便于日后的数据分析总结。在形成正式问卷前，需要通过前测，对相关变量测量的有效性进行分析，从而对问卷题项进行净化。对测量项目的评估，主要用效度（Validity）和信度（Reliability）两个指标（李怀祖，2004）。

本调查的前测通过 E-mail 电子问卷和纸质问卷两种形式收集数据，发送近 120 个 E-mail、80 份纸质问卷，最后回收电子问卷 77 份、纸质问卷 73 份，共计 150 份，问卷回收率 75%。

1. 信度分析

信度主要考查问卷的内部一致性系数，常用的衡量方法是 Cronbach's α 系数，系数的值越高表示组内的测试问项的内部一致性越高。对于可接受的最低 Cronbach's α 系数是多少，学者们还未达成一致。Gay（1992）等人表示 0.8 以上的 Cronbach's α 系数是可接受的；Devellis（1991）、Nunnally（1978）等人表示 0.7 以上的 Cronbach's α 系数是可接受的；吴明隆（2000）表示若 Cronbach's α 系数在 0.6 以下，需修正原研究题项。在本调查中 Cronbach's α 系数的界限定为 0.7。

吴明隆（2000）认为，根据信度分析得出的结果，在两种情况下可以删除某题项。一是某题项与分量表的相关系数过低；二是删除该题项后分量表 Cronbach's α 系数突然变得较大。

利用 SPSS 16.0 分析得出问卷前测中各变量的信度结果如表 3-3 所示。

表 3-3 问卷前测信度分析

变量	编号	问项	Cronbach's α 系数	项目-总体相关系数	删除题项后的 Cronbach's α 系数
顾客公民行为倾向	CCB1	把这个餐馆推荐给我的朋友	0.825	0.517	0.823
	CCB2	在就餐中帮助他人		0.565	0.817
	CCB3	帮助某人正确地完成就餐过程		0.602	0.807
	CCB4	向其他顾客解释如何正确地完成就餐过程		0.647	0.784
	CCB5	填写顾客满意调查表		0.609	0.801
	CCB6	我向餐馆提供如何促进服务的反馈意见		0.612	0.800
	CCB7	如果我有促进服务的意见，我会让餐馆的某个人知道		0.532	0.814
	CCB8	当接收到某个员工优秀的服务时，我向企业反馈		0.324	0.852
	CCB9	将该企业推荐给对该企业产品/服务感兴趣的人		0.357	0.843

根据吴明隆（2000）的观点，在表3-3中，顾客公民行为倾向变量的Cronbach's α系数为0.825，大于0.7，符合要求。

在题项中顾客公民行为倾向中的"当接收到某个员工优秀的服务时，我会向企业反馈"和"将该企业推荐给对该企业产品/服务感兴趣的人"两个题项与总体的相关系数过低，分别小于0.4，而且删除题项后的Cronbach's α系数均呈现激增的现象，因此删除这两项，顾客公民行为测量量表题项总数变为7项。

2. 效度分析

效度分析又称为有效性分析，是指由某种有效的工具或者手段测量出所需测量内容的程度。测量出的结果与研究目标越一致，效度越高；越不一致，效度越低。检验效度的指标主要有内容效度和结构效度两种。

对于内容效度，本调研在确定各测量问项时，是在文献回顾的基础上提出的，并通过小规模访谈进行了修正，因此具有较高的内容效度。

对于结构效度的评估，本调研采用探索性因子分析（Exploratory Factor Analysis，EFA）方法。通过因子分析可以得出问卷中哪些问题用于研究哪些潜在特征，从而得出该问卷的结构效度。首先，通过KMO样本测度（Kaiser-Meyer-Olkin Measure of Sampling Adequacy）和Bartlett球体检验（Battlett Test of Sphericity）两种方法，计算出顾客公民行为倾向潜变量的KMO值为0.833，大于0.5，Bartlett统计值的显著性概率均为0，因此适合做因子分析。其次，选用主成分分析方法，分别对这5个变量提取1个特根值，并依据方差最大法进行旋转，测量项目在所属因子载荷均大于0.5，具有较好的结构效度。如表3-4、表3-5所示。

表 3-4　潜变量 KMO 样本测度和 Bartlett 球体检验

潜变量	KMO 值	Bartlett 球体检验		
		χ^2	df	Sig.
顾客公民行为倾向	0.833	402.492	21	0.000

表 3-5　主成分分析

变量	问项	因子载荷	因子数
顾客公民行为倾向	推荐给我的朋友	0.600	1
	帮助他人	0.712	
	填写顾客调查表	0.770	
	提供反馈意见	0.812	
	让员工知道改进服务的意见	0.811	
	告知餐馆某员工服务好	0.814	
	调查时提供相关信息	0.630	

四、数据分析方法

第一，本调研使用 SPSS16.0 软件对数据进行描述统计分析，即利用图表和数字（统计量）来表现样本数据的分布及特征，选用的统计量包括样本数、均值、方差、最大值、最小值等。

第二，本调研中的因变量只有一个，即顾客公民行为倾向，自变量包括音乐节奏（速度）和音乐类型。主要研究顾客公民行为倾向受音乐节奏和音乐类型的影响，其中包括两个自变量对因变量的单纯主效用，同时也包括它们的交互作用，因此选用单因变量多因素方差分析，进行 2×2 实验设计。检验前面提出的假设是否成立，此检验利用 SPSS16.0 软件完成。

第三节 数据汇总与分析

一、数据收集

在选择的休闲餐厅中,我们选择晚餐时间(晚上6点)播放背景音乐,在连续6天之中按照既定的规则变换背景音乐的类型、节奏,播放顺序如表3-6所示。在数据收集时,被调查人在休闲餐厅中停留时间至少为30分钟(包括30分钟)以上,因为这样才可以体会到背景音乐。当被调查者就餐完毕之后,邀请其参与调查,共计调查178人。

表3-6 实验条件一览

实验编码	日期	音乐控制		参与调查人数
1	第1天	古典音乐	慢速音乐	29
2	第2天	流行音乐	慢速音乐	31
3	第3天	古典音乐	快速音乐	32
4	第4天	流行音乐	快速音乐	27
5	第5天	古典音乐	慢速音乐	33
6	第6天	流行音乐	快速音乐	26
人数合计				178

二、描述性统计分析

(一)样本的描述性统计分析

描述性统计可以了解样本的人口变量的统计情况,本调研共有178位被调查者,其描述性统计如表3-7所示。在表中可以看出,从性别上看,男性所占比例略高于女性所占比例,分别为56.18%和43.82%;从职业上看,在光顾休闲餐厅的人中,专业技术人员、办事人员和商业服务人员居多，所占比例均超过15%，而生产人员、学生和其他所占比例较低，在10%以下；从年龄上看，主要集中在25~39岁，共占了65.17%；从学历上看，被调查者中本科学历最多，占54.49%；而从收入来看，月收入在2000~5000元的居多，共占77.53%。

表 3-7　样本的描述性统计

属性	类别	样本量	百分比（%）
性别	男	100	56.18
	女	78	43.82
	总　数	178	100
职业	国家机关、党群组织、企业、事业单位负责人	26	14.61
	专业技术人员	37	20.79
	办事人员和有关人员	32	17.98
	商业、服务业人员	35	19.66
	农、林、牧、渔、水利生产人员	22	12.36
	生产、运输设备操作人员及有关人员	8	4.49
	学生	16	8.99
	其他	2	1.12
	总　数	178	100
年龄	18~24岁	26	14.61
	25~29岁	57	32.02
	30~39岁	59	33.15
	40~49岁	31	17.42
	50岁以上	5	2.81
	总　数	178	100
学历	高中及以下	10	5.62
	大专	32	17.98
	本科	97	54.49
	研究生及以上	39	21.91
	总　数	178	100
月收入	2000元以下	18	10.11
	2001~3000元	34	19.10
	3001~4000元	56	31.46
	4001~5000元	48	26.97
	5000元以上	22	12.36
	总　数	178	100

第三章 背景音乐结构性因素对顾客公民行为的影响研究

（二）变量的描述性统计

在本调研中，变量有自变量音乐类型、音乐节奏，因变量为顾客公民行为倾向，下面对各个变量（音乐类型除外）的选择和测量的基本情况进行描述性统计分析。

（1）音乐节奏。在本调研中，按照快速音乐和慢速音乐的划分准则，从备选的40首音乐中，首先将其分成古典音乐和现代音乐，再分别对不同类型的音乐进行音乐节奏划分，快速音乐10首，慢速音乐10首，表3-8显示了音乐节奏变量的基本情况。

表3-8 音乐节奏变量的描述性统计

音乐速度	数量（首）	平均值（BPM）	方差	最大值（BPM）	最小值（BPM）
慢速	20	63	4	70	57
快速	20	110	6	136	94

从表3-8可以看出本调研在背景音乐的节奏选择上，处于一个中间水平，均为较快或者较慢的音乐，并没有极端的超快速或超慢速的音乐，这样是为了避免因为音乐节奏的超快或者超慢给顾客带来反感。

（2）顾客公民行为倾向。在自变量不同取值的情况下，对顾客公民行为倾向进行调查，对于顾客公民行为倾向的测量，共有7个问项。测量时采用七级Likert量表，其中"1"代表完全不同意；"2"代表不同意；"3"代表有点不同意；"4"代表一般；"5"代表有点同意；"6"代表同意；"7"代表完全同意。其描述性统计如表3-9所示。

表3-9 顾客公民行为倾向变量的描述统计

自变量	顾客公民行为倾向	样本数	平均值	方差	最大值	最小值
古典音乐	慢速音乐	62	30.50	35.57	45	20
	快速音乐	32	32.19	21.51	39	25
现代音乐	慢速音乐	27	35.09	20.41	41	21
	快速音乐	57	29.56	19.90	42	25
合计		178	31.84	30.08	45	20

表 3-9 展示了在不同的音乐类型及音乐节奏（速度）的情境下，被调查顾客公民行为倾向的平均值、方差、最大值和最小值，其中整体最大值为 45，最小值为 20，平均值为 31.84，方差为 30.08。

三、实验效度分析

本调研采用的是现场实验法，现场实验是指在自然情境下进行的实验研究，研究者操纵自然情境中的某种条件，以观察这种条件变化在被试行为上自然的效果，从而研究心理现象的一种方法。这种方法既主动操纵条件，又在自然情境中寻找被试进行实验，因此兼有实验法与观察法的某些优点。现场实验法的效度包括内部效度和外部效度。

内部效度是指实验中的自变量与因变量之间因果关系的明确程度。现场实验的特点决定它不可能允许实验者更多地控制环境，因此内部效度要低一些。好的实验一般应该能够尽量去除那些实验者可以预测到的干扰因素。所以本书基于前人研究所考虑的干扰因素，对歌手的偏爱、歌词等因素都进行了综合考虑，并进行了一些处理，尽量避免这些干扰因素产生影响。因此，本调研的内部效度还是较好的。

现场实验被认为具有较高的外部效度或生态效度，外部效度涉及实验结果的概括力和外推力。因为实验从一开始就是在现实世界中进行的，因此研究结果可以推广到现实中去。本调研是在真实的服务环境中进行的，测试样本相对比较完备，所以本调研的结论应该可以扩展到其他类似的服务环境中去，具有较高的外部效度，这也是现场实验法的优点所在。

四、假设检验与研究结果

（一）音乐类型和音乐节奏交互作用的检验

在实验过程中，古典/慢速音乐情境下样本数为 62，顾客公民行为倾向的平均值为 30.5，现代/慢速音乐情境下样本数为 27，顾客公民行为倾向的平均值为 35.09；而在古典/快速音乐情境下样本数为 32，顾客公民行为倾向的平均值为 32.19，现代/快速音乐情境下的样本数为 57，顾客公民行为倾向为 29.56。不同的音乐类型及音乐节奏，其顾客公民行为倾向的平均值存在显著差异，而且这 4 个平均数与样本的总平均数 31.84 存在显著差异，所以两个自变量的交互作用存在，如表 3-10 所示。

表 3-10　顾客公民行为倾向的均值比较

		音乐类型		边际平均值
		古典音乐	现代音乐	
音乐节奏	慢速音乐	30.50	35.09	32.80
	快速音乐	32.19	29.56	30.88
边际平均值		31.35	32.33	
总平均值		31.84		

通过均值比较，得出背景音乐类型和音乐节奏的交互作用存在的判断只是一个初步笼统的判断，而利用单因变量多因素方差分析方法，我们可以进一步通过具体的统计量来说明两者之间的交互效应以及两者的单纯主效用。

表 3-11　方差齐性检验

因变量：顾客公民行为倾向			
F	df1	df2	Sig.
0.403	3	174	0.751

注：Tests the null hypothesis that the error variance of the dependent variable is equal across groups.

从表 3-11 可以看出，p = 0.751 > 0.05，具有方差齐性。从表 3-12 方差分析的结果来看，音乐类型对顾客公民行为倾向的影响作用显著（F = 13.140，p = 0.000），音乐节奏对顾客公民行为倾向的影响同样显著（F = 28.784，p = 0.000），音乐类型和音乐节奏之间的交互作用显著（F = 4.532，p = 0.035）。图 3-1 显示两条直线不平行有相交趋势，同样表明音乐类型和音乐节奏之间具有交互作用，即音乐类型对顾客公民行为倾向的影响会因音乐节奏的不同而有所不同，H_3 成立，音乐类型和节奏对顾客公民行为倾向存在交互作用。

表 3-12 方差分析

变异来源	Type III Sum of Squares	df	Mean Square	F
因变量：顾客公民行为倾向				
Corrected Model	1461.096a	3	487.032	21.938***
Intercept	163946.084	1	163946.084	7.385E3***
音乐类型（A）	291.727	1	291.727	13.140***
音乐节奏（B）	639.032	1	639.032	28.784***
音乐类型×音乐节奏（A×B）	100.617	1	100.617	4.532*
Error	3862.932	174	22.201	
Total	189071.000	178		
Corrected Total	5324.028	177		

注：$R^2 = 0.274$（调整后的 $R^2 = 0.262$）；*$p < 0.05$；**$p < 0.01$；***$p < 0.001$。
a. Design: Intercept + 音乐类型 + 音乐节奏 + 音乐类型×音乐节奏。

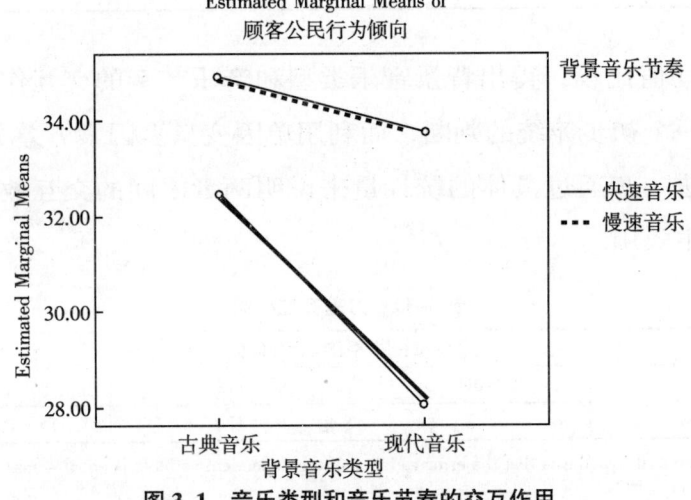

图 3-1 音乐类型和音乐节奏的交互作用

（二）音乐类型和音乐节奏单纯主效用的检验

背景音乐类型和节奏对顾客公民行为倾向的交互作用得到显著性检验后，我们接下来分别对两个变量的单纯主效用进行检验。

从表 3-13 可以看到音乐类型在慢速音乐前提下的单纯主效用检验：F 值为 1.143，P 值为 0.125，未达到 0.05 的显著水平，表示在古典音乐条件下顾客公民行为倾向与现代音乐条件下的顾客公民行为倾向没有显著差异。音乐类型在快速音乐的单纯主效用检验：F值为16.304，p值为0，达到了0.05的显著水平。这表示两种不同音乐类型的顾客公民行为倾向有显著的差异，古典音乐条件下顾客公民行为倾向（M=32.19）显著高于现代音乐条件下的顾客公民行为倾向（M=29.56）。H_1部分成立。

表3-13 单纯主效用检验结果

			顾客公民行为倾向均值	F值
音乐类型主效用	慢速音乐	古典音乐	30.50	1.143
		现代音乐	35.09	
	快速音乐	古典音乐	32.19	16.304***
		现代音乐	29.56	
音乐节奏主效用	古典音乐	慢速音乐	30.50	5.996*
		快速音乐	32.19	
	现代音乐	慢速音乐	35.09	24.566***
		快速音乐	29.56	

注：*p<0.05；**p<0.01；***p<0.001。

音乐节奏在古典音乐前提下的单纯主效用检验：F值为5.996，p值为0.016，已达到0.05的显著水平，表示两组间有显著差异，慢速音乐条件下顾客公民行为倾向（M=30.50）显著低于快速音乐条件下顾客公民行为倾向（M=32.19）。音乐节奏在现代音乐前提下的单纯主效用检验：F值为24.566，p值为0，已经达到0.05的显著水平。这表示两组间存在显著差异，慢速音乐条件下顾客公民行为倾向（M=35.09）显著高于快速音乐条件下顾客公民行为倾向（M=29.56）。因此，H_2得到验证成立，音乐节奏对顾客公民行为有显著影响，即在播放慢速音乐的条件下，顾客公民行为倾向会更高。

在假设检验过程中，我们证实了在休闲餐厅中背景音乐类型、音乐节奏（速度）对顾客公民行为倾向有显著影响，而且背景音乐类型和音乐节奏存在交互作用，H_1、H_2、H_3假设全部成立。

本章小结

本章就背景音乐的内在因素（结构性因素）对顾客公民行为的影响进行了探讨。在分析中，选用背景音乐结构性因素中音乐类型和节奏作为自变量，选择在某家休闲餐厅就餐的顾客作为调查对象，现场实验法作为研究方法，进行了 2×2 实验设计，探讨背景音乐类型和节奏对顾客公民行为的影响及它们之间的交互作用。通过数据分析和假设检验，背景音乐类型和节奏对顾客公民行为具有交互作用，同时它们分别对顾客公民行为的单纯主效用显著。

第四章 背景音乐与环境的一致性对顾客公民行为的影响研究

探讨背景音乐外在因素(背景音乐与环境的一致性)对顾客公民行为的影响,通过调查问卷方法收集数据,进行效度和信度分析,利用结构方程验证概念模型和研究假设,给出研究结果。

第一节 理论基础和研究假设

服务企业服务环境的风格(气氛)已经被企业作为一种战略变量。许多企业已经开始应用适合自己的环境因素来构建企业形象,目的是形成一种与众不同的服务环境,在这种环境下,音乐和建筑、灯光、气味及企业标识应该是一致的。例如,有一些餐馆和旅店聘请专业的音响工程师来设计独特的和人性化的音乐氛围。世界上一些著名的酒店和餐馆(如凯悦酒店)已经进行了感官(知觉)战略的设计,选择与整体氛围相一致的背景音乐。当今时代,顾客对背景音乐的需求并不是单单依靠简单机械化的播放就能满足的,从理念到曲目的搭配,每一步都要与服务环境的装修风格、色彩、消费者的品位相匹配,从而筛选出更加合适的背景音乐,提高顾客的消费体验。

以前的研究已经广泛证实顾客不只是依据所接受的服务或产品做

出购买决策，环境也会影响顾客行为。在环境心理学文献中，Mehrabia 和 Russell（1974）提出了一个著名的解释零售企业环境对购买行为影响的模型，即 M-R 模型。M-R 模型认为，情感状态（如PAD，即愉悦、唤起和支配）是环境刺激和顾客行为（如趋近和规避）之间的中介变量。在零售领域，Donovan 和 Rossiter（1982）的研究认为只有两个情感状态能够预测顾客的行为，这两个情感状态即愉悦和唤起。愉悦是指一个人感到高兴、快乐、完美或者满意的程度，唤起是指一个人在一定的环境内感到警觉、激动、刺激或者活跃的状态。

在应用 M-R 模型的过程中，研究者在将零售和服务领域中的很多因素作为环境刺激，如颜色、音乐、拥挤、气味等，背景音乐是其中重要的一部分。相关文献和对大量研究的元分析表明，商场中播放的音乐会影响情感变量（如情绪、唤起和愉悦）、利润（如购买数量、毛利）、认知变量（如产品和服务质量感知）和行为（如惠顾频率、实际停留时间或者顾客流量）。在环境和行为之间，情感和认知是何角色？一些研究考虑到了情感和认知反应的中介作用。如 Jang 和 Namkung 证实了情感在环境、感知质量和行为意愿之间的中介作用，但是该研究是将服务环境看成一个整体（包括灯光、颜色、设计和布局），研究结果存在局限，不能令人信服。对于背景音乐的研究，Sweeney 和 Wyber 考虑到情感和认知反应两个变量的中介作用，但是没有考虑它们两者之间的关系。过去的研究认为音乐能够引起个体的情感反应，从而调整顾客行为。Morrin 和 Chebat 通过对背景音乐与周围环境（气味）的一致性的研究发现，音乐对顾客的影响是以情感和认知为中介的，而且情感反应（愉悦和唤起）影响认知反应。

基于上面的分析和探讨，我们以背景音乐与环境的一致性（以下简称"背景音乐一致性"）作为自变量，以顾客情感和认知反应为中介变量，将顾客行为限定为顾客公民行为，提出如下理论模型，如图 4-1 所示，本理论模型的主要贡献：①评价背景音乐一致性对顾客公民行为倾向的影响效果；②探讨情感反应和认知反应的中介作用。

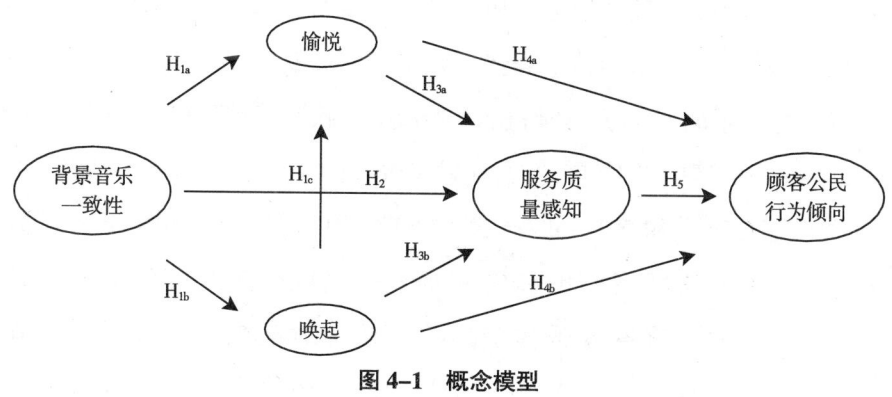

图 4-1 概念模型

一、音乐一致性与情感反应

音乐是一种影响情感的有效刺激。在特定的环境中，音乐影响顾客的情感反应，进而影响他们的行为。已有研究对音乐结构性特征，如节奏、类型、音量、复杂性及效价的影响进行了探讨。但是因为背景音乐与环境中的其他元素相互作用，所以不能只将其作为一个孤立的因素考虑。Lam 指出，环境因素的一致性会方便零售店的顾客分类，而且正向影响顾客内在的反应变量（情感和认知），同样也会影响顾客对于商店的总体评价。

一致性是服务环境中不同因素的匹配。在本调研中，以餐馆中的顾客作为调查对象，我们从关联的角度把音乐一致性定义为餐馆中播放的背景音乐与服务环境的匹配程度。很多学者已经研究了一致性的效应。在广告业中，MacInnis 和 Park 认为音乐与广告信息的一致性会促使更多的积极情感和更好的品牌认知的产生。在零售业中，一些学者对背景音乐和产品售卖之间的一致性进行了研究，Areni、Kim 和 North 等探讨了背景音乐和购买的啤酒种类的关系，Areni 和 Kim 发现，当播放古典音乐的时候，顾客会买更贵一点的啤酒，商场零售额会提升；North 等的研究发现，当播放法国音乐的时候，顾客会买更多的法国啤酒，而播放德国音乐时，德国啤酒的销售量会增加。Jacob 等的研究发现在花店中，当播放爱情和浪漫音乐时，顾客的平均花费比播放 pop 音乐或者没有音乐时高；类似地，在糖果商店里，12~14 岁的顾客在播放卡通音乐时比播放排行榜前 40 名的歌曲停留的时间长；Mattila 和 Spangenberg 等的研究展示了在零售企业中音乐和气味一致性的效应，研究表明音乐和气味的一致性会产生更高的愉悦和唤起，更好的商场评价、更好的环境评价和更高水平的趋近行为及冲动会刺激购买行为。综上所述，背景音乐和产品的一致性对购买的产品类型、花费的时间和购物花费会产生影响。背景音乐同环境中其他因素的一致性影响顾客的情感、认知和行为。本调研同其他研究不同的是，其考虑背景音乐与整个服务环境的一致性，而不只是单一的环境因素。

1. 音乐一致性对情感反应的影响

根据 Gibson 等（1979）的研究，首先对环境产生反应的是情感。环境心理学提出，人们会对环境有情感反应。Oakes（2007）在广告对音乐一致性实证研究中提出，音乐一致性提升了人们对广告的情感反应。在零售环境中，当气味和音乐唤起的程度一致的时候，顾客的愉悦感增强。Babin 等进行了扩展研究，探讨了环境适应性的影响效果，发现环境适应性感知正向影响顾客情感反应。因此，通过背景音乐的播放建立一个更加融洽的、和餐馆相配的服务环境将会促使积极情感的产生。

2. 唤起对愉悦的影响

根据 M-R 模型，愉悦和唤起之间是互不相关的。然而有些研究将声音、气味和广告作为研究对象，认为在愉悦和唤起之间有线性关系。还有些研究探讨了唤起和愉悦之间的关系。因此，我们认为由音乐一致性产生的唤起会引发高的愉悦水平，提出假设 1：

H_1：音乐一致性感知直接或间接提高顾客的愉悦。

H_{1a}：音乐一致性感知提升顾客的愉悦感。

H_{1b}：音乐一致性感知正向影响顾客的唤起。

H_{1c}：被音乐一致性感知产生的唤起提升顾客的愉悦感。

二、音乐一致性与认知反应

在本调研中，我们考虑的认知反应是服务质量感知。在餐馆中，有形和无形的环境要素都是重要的。Bitner（1992）认为，对服务环境的感知影响对服务属性的认识。服务是无形的，对于顾客来说评价服务质量并不容易。服务环境是服务中的有形要素。顾客常会利用外在的表现，如通过服务环境去推断服务质量。Morin 等利用 Gestalt 的完形理论验证了环境感知的对偶模型。这个模型认为顾客对环境的认知是整体的。

Sweeney 和 Wyber 认为，音乐会影响顾客对服务质量和产品质量的感知，Babin 等阐述商店环境的适当性正向影响产品质量感知。当顾客所面对的环境中不一致的地方少的时候，他们对产品的评价会更高。刺激的一致性会引发顾客对服务质量更好的感知。因此，我们认为音乐的一致性将会直接地提高顾客对于服务质量的感知。因此，提出假设 2：

H_2：对音乐一致性的正向感知提高顾客的服务质量感知。

三、情感的中介作用

根据 M-R 模型，情感（愉悦和唤起）是环境和行为之间的中介变量。Bitner（1992）指出认知和情感反应在环境和行为之间起中介作用。她还认为这些反应是相互依存的，情感影响认知；反之亦然。

心理学的研究已经证实积极情感会对顾客的认知过程产生正向影响。例如，当顾客收到一个礼物后，他们的情绪会变好，进而他们对服务的评价也有所提升。Oakes 回顾了广告业的音乐一致性，表明对音乐的情感反应是认知反应的前因。在零售业中，顾客对在比较舒适、令人愉快的环境中摆放的产品的评价要比在不舒服环境中摆放的产品的评价高。愉快的音乐会引发更好的产品质量感知（Gorn et al.，1993）。在服务业中，由背景音乐产生的愉悦影响认知反应，如顾客对服务环境、销售人员或者服务员工的感知。同样，在零售业中，源于音乐的愉悦提升顾客对于商店供给和销售人员的评价。我们认为音乐一致性会产生正向的情感反应（如愉悦和唤起），这种情感反应会影响顾客对服务质量的评价。情感反应在音乐一致性和服务质量感知之间具有中介作用。因此，提出假设3：

H_3：音乐一致性感知间接提升顾客认知反应（服务质量感知）。

H_{3a}：由音乐一致性产生的顾客愉悦正向影响服务质量感知。

H_{3b}：由音乐一致性产生的顾客唤起正向影响服务质量感知。

四、情感反应与顾客公民行为

以往学者就情感对顾客行为的影响进行了一些研究，Zajonc提出个体在某种情感状态下会采取某种行为，而不管认知活动的层次如何。Bergenwall称"情感经常会导致某种行为，如他们具有某种结果"。已有文献研究表明，顾客的情感会影响顾客公民行为。在零售业的相关文献中，Donovan和Rossiter（1982）提供了顾客从服务环境中获得的愉悦情感会影响其行为的实证例子，行为包括顾客的重购、享受购物的过程、愿意同雇员交流等。Williams和Shiaw的研究发现，顾客的情感状态会影响顾客公民行为倾向。Spector和Fox的研究表明，当人们处于积极情感状态时会采取某种行为去迎合自己的情感状态以使自己感觉更好，这种行为的范例即顾客公民行为。Youjae Yi的研究证实了顾客正向情感和顾客公民行为之间存在正向关系。因此，提出假设4：

H_4：顾客情感反应影响顾客公民行为倾向。

H_{4a}：愉悦正向影响顾客公民行为倾向。

H_{4b}：唤起正向影响顾客公民行为倾向。

五、认知反应与顾客公民行为

M-R 模型认为人们对环境的反应行为有两种:趋近和规避行为,在服务企业中鼓励顾客产生趋近行为。很多研究证实音乐会影响顾客的趋近行为,而顾客公民行为属于趋近行为的一种。在本调研中我们将顾客公民行为倾向作为一个行为意愿变量。根据 Bitner (1992) 模型,顾客的认知反应也会影响顾客的行为。实际上,对于服务质量的认知影响顾客的趋近行为。因此,我们希望顾客对服务质量的正向感知将会促进他们的趋近行为(顾客公民行为)的产生。因此,提出假设 5:

H_5:对服务质量的正向感知提升顾客公民行为倾向。

第二节 研究设计与数据收集

一、研究设计

(一) 变量的测量

基于文献研究和本书的理论模型,本调研主要涉及的潜变量有顾客公民行为倾向、音乐一致性、情感反应(愉悦和唤起)、服务质量感知。为提高测量的效率及给被调查者在调查过程中带来便利,本调研中的变量均采用单维构念进行测量。其操作性定义和计量指标如下:

1. 顾客公民行为倾向

在本调研中,用顾客公民行为倾向表现行为意愿中的趋近行为。参照前面的研究,选取 7 个问项进行测量,如表 4-1 所示,测量采用七级 Likert 量表,其中"1"代表完全不同意;"2"代表不同意;"3"

代表有点不同意；"4"代表一般；"5"代表有点同意；"6"代表同意；"7"代表完全同意。

表 4-1 顾客公民行为倾向测量量表

变量名	编号	问项	参考来源
顾客公民行为倾向	CCB1	把这个餐馆推荐给我的朋友	Groth (2005); Bettercourt (1997)
	CCB2	在就餐中帮助他人	
	CCB3	帮助某人正确地完成就餐过程	
	CCB4	向其他顾客解释如何正确地完成就餐过程	
	CCB5	填写顾客满意调查表	
	CCB6	我向餐馆提供如何促进服务的反馈意见	
	CCB7	如果我有促进服务的意见，我会让餐馆的某个人知道	

2. 音乐一致性

在本调研中，把音乐一致性定义为餐馆环境和背景音乐的匹配程度。对音乐一致性的测量采用七级 Likert 量表，具体问项如表 4-2 所示。

表 4-2 音乐一致性测量量表

变量名	编号	问项	参考来源
音乐一致性	MC1	对于这个餐馆，此音乐很适合	Heckler 和 Childers (1992)
	MC2	在这个餐馆听到这支音乐，我不觉得奇怪	

3. 情感反应

顾客的情感反应包括愉悦和唤起，对它们的测量采用 7 级语义差异量表。其中，情感愉悦有 4 对问项，唤起有 3 对问项，如表 4-3 所示。

表 4-3 情感反应测量量表

变量名	编号	问项	参考来源
愉悦	PL1	生气的——欣喜的	Mehrabian 和 Russell's (1974)
	PL2	忧郁的——满意的	
	PL3	沮丧的——乐观的	
	PL4	不开心的——开心的	
唤起	AR1	刺激的——放松的	
	AR2	激动的——平静的	
	AR3	紧张的——沉着的	

4. 整体服务质量感知

整体服务质量感知是反映顾客在接受某种服务的过程中对其总体质量水平的实际感受。在本调研中为了提高测量的效率，要简化测量过程，对顾客整体服务质量感知进行评价，以此测量顾客感知的服务质量，如表4-4所示。在测量中采用7级Likert量表。

表4-4 整体服务质量感知测量量表

变量名	编号	问项	参考来源
整体服务质量感知	SQ1	这个餐馆的整体服务质量是好的	Woo Gon Kim, Yun Ji Moon (2009)
	SQ2	这个餐馆的整体服务质量比我预想的要好	
	SQ3	这个餐馆的整体服务质量和它应当提供的服务质量是一样的	

（二）调查方法的选择

本调研对顾客公民行为倾向、音乐一致性、情感反应（愉悦和唤起）、服务质量感知等潜变量的调查使用问卷调查法。

调查问卷包括三部分内容：问卷介绍、个人信息与问卷正文。为使调查问卷能够满足调查要求，并具有较好的信度和效度，本问卷的设计过程是比较严谨的，整个问卷经过了反复修改，并经过预测试，删除表达不清的问项。此外，对被调查者征求关于问卷填写等方面的意见，经过不断地修正，得以形成最终的调查问卷（见附录二）。

二、数据收集

（一）研究样本的确定

本调研主要是探讨背景音乐一致性和顾客公民行为倾向之间的关系，与前面的调研一致，选取播放背景音乐餐馆的顾客为调查对象，研究他们感知的背景音乐一致性和顾客公民行为倾向之间的关系。

本调研主要采用方便抽样的方法进行问卷样本的选取，即作者通过同学、朋友进行随机拦截发放问卷，邀请被访者填写；通过"问卷星"网络调查系统在网络上发放问卷，正式调研历时两个月，共发出问卷400份，通过两种方式共回收369份，针对回收的问卷，根据以下3个标准进行了严格筛选：①单张量表的回答完全是同一答案；②整份问卷未回答的问题超过5个以上；③问卷的前后回答存在明显的逻辑不符。经过筛选后共计回收有效问卷345份，其中通过实地发放问卷250份，回收219份，有效问卷217份；通过"问卷星"网络调查系统回收问卷150份，有效问卷128份。

（二）调研方法

本调研采用两阶段方法，利用SPSS 16.0和AMOS 7.0软件包进行数据分析。首先，利用SPSS通过计算Cronbach's α系数检验测量的信度，通过计算标准化的因子载荷和平均抽取方差检验测量的收敛效度和区别效度。其次，采用结构方程模型对提出的结构模型进行检验，探索音乐一致性、情感、顾客认知对顾客公民行为倾向的作用机理。

第三节 数据分析

一、描述性统计

描述性统计是进行其他统计分析的基础，通过描述性统计可以帮助研究者对要分析的数据的总体特征有比较准确的把握。

在345份有效问卷中，被调查者主要为学生，共145人，占42.03%；男性占57.39%，女性占42.61%；学历主要是本科，占53.04%；年龄集中在18~29岁，共225人，占65.22%。具体如表4-5所示。

表 4-5 样本描述性统计

项目		样本量	百分比（%）
性别	男	198	57.39
	女	147	42.61
职业	国家机关、党群组织、企业、事业单位负责人	35	10.14
	专业技术人员	34	9.86
	办事人员和有关人员	32	9.28
	商业、服务业人员	33	9.57
	农、林、牧、渔、水利生产人员	38	11.01
	生产、运输设备操作人员及有关人员	20	5.80
	学生	145	42.03
	其他	8	2.32
年龄	18~24 岁	130	37.68
	25~29 岁	95	27.54
	30~39 岁	52	15.07
	40~49 岁	45	13.04
	50 岁以上	23	6.67
学历	高中及以下	6	1.74
	大专	67	19.42
	本科	183	53.04
	研究生及以上	89	25.80
月收入	2000 元以下	151	43.77
	2001~3000 元	45	13.04
	3001~4000 元	68	19.71
	4001~5000 元	46	13.33
	5000 元以上	35	10.14

二、测量模型检验

（一）信度

利用 SPSS 16.0 对问卷进行信度分析。音乐一致性、情感反应、顾客公民行为倾向、服务质量感知四个潜变量的 Cronbach's α 系数在 0.818~0.854，均大于 0.70，且删除题项后的 Cronbach's α 系数均小于相应构念的 Cronbach's α 系数值，说明测量题项的可靠性较高。组合信度的值在 0.866~0.878，也达到了相应的要求。因此，采用设计的量表可以对潜变量进行可靠的测量。

表 4-6 信度检验结果

构念	题目代码	Cronbach's α 系数	项目—总体相关系数	删除题项后的 Cronbach's α 系数	组合信度
顾客公民行为倾向	CCB1	0.827	0.612	0.797	0.877
	CCB2		0.570	0.816	
	CCB3		0.529	0.822	
	CCB4		0.678	0.796	
	CCB5		0.611	0.798	
	CCB6		0.528	0.823	
	CCB7		0.614	0.794	
音乐一致性	MC1	0.818	0.765	0.801	0.878
	MC2		0.788	0.799	
整体服务质量感知	SQ1	0.845	0.781	0.786	0.866
	SQ2		0.778	0.794	
	SQ3		0.735	0.808	
愉悦	PL1	0.832	0.712	0.802	0.868
	PL2		0.767	0.798	
	PL3		0.778	0.782	
	PL4		0.678	0.815	
唤起	AR1	0.854	0.798	0.799	0.872
	AR2		0.767	0.803	
	AR3		0.734	0.812	

（二）效度

1. 内容效度

本调研在量表开发过程中，首先邀请专家对构念及对应的题项进行主观判断，使其具有内容效度；其次采用统计分析法，计算得到项目—总体相关系数均在 0.5 以上，进一步验证该量表具有较高的内容效度。

2. 结构效度

根据分析结果，所有问项在其所对应的潜变量上都具有较高的标准化因子载荷（之间），且均在 0.60 的水平上显著，如表 4-7 所示，顾客公民行为倾向为 0.624~0.783，音乐一致性为 0.689~0.742，整体服务质量感知为 0.778~0.865，愉悦为 0.695~0.864，唤起为 0.764~0.876，均满足收敛效度的要求。

第四章 背景音乐与环境的一致性对顾客公民行为的影响研究

表 4-7 效度检验结果

构念	题目代码	标准化因子载荷	平均抽取方差
顾客公民行为倾向	CCB1	0.702	0.505
	CCB2	0.624	
	CCB3	0.783	
	CCB4	0.698	
	CCB5	0.689	
	CCB6	0.713	
	CCB7	0.754	
音乐一致性	MC1	0.689	0.513
	MC2	0.742	
整体服务质量感知	SQ1	0.865	0.683
	SQ2	0.834	
	SQ3	0.778	
愉悦	PL1	0.861	0.623
	PL2	0.723	
	PL3	0.864	
	PL4	0.695	
唤起	AR1	0.876	0.696
	AR2	0.858	
	AR3	0.764	

此外，所有潜变量的平均方差抽取量为 0.505~0.696，都超过了 0.50 的最低要求，表明指标可以解释潜变量的大部分变差，进一步通过将每个潜变量的 AVE 值与潜变量间相关系数的平方进行比较来检验量表的区别效度。表 4-8 给出了区别效度的分析结果，每个潜变量的 AVE 值都要大于潜变量间相关系数的平方，区别效度通过检验。

表 4-8 区别效度的分析结果（n=345）

	音乐一致性	愉悦	唤起	整体服务质量感知	顾客公民行为倾向
音乐一致性	**0.513**				
愉悦	0.039	**0.623**			
唤起	0.037	0.334	**0.696**		
整体服务质量感知	0.097	0.177	0.105	**0.683**	
顾客公民行为倾向	0.031	0.141	0.208	0.370	**0.505**

注：对角线上的粗体数字为 AVE 值。

三、结构模型的拟合度评价及假设检验

在确认了量表的信度和效度之后,在样本数据中运行 AMOS 7.0 软件,基于最大似然估计的方法计算结构模型拟合指标和各路径系数的估计值。表 4-9 给出模型整体拟合参数。按照 Bentler 的评估标准,如果 $\chi^2/Df \leqslant 3$,CFI、IFI、NFI、RFI 大于或等于 0.90、GFI $\geqslant 0.85$,RMSEA $\leqslant 0.05$,则模型的拟合效果是可接受的。从表 4-9 可以看出,

表 4-9 模型拟合参数

Df	χ^2	χ^2/Df	GFI	CFI	NFI	IFI	RFI	RMSEA
313	489.23	1.56	0.894	0.954	0.921	0.936	0.911	0.045

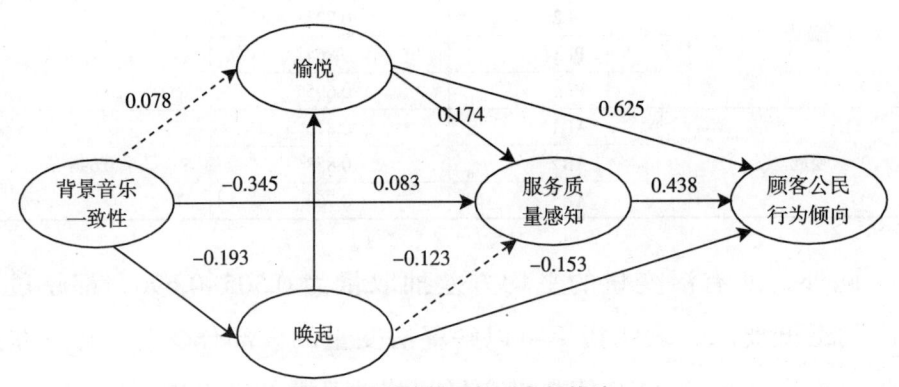

图 4-2 结构模型标准参数估计

表 4-10 模型的路径分析与假设检验结果

假设路径	估计值	T 值	结论
H_{1a} 音乐一致性→愉悦	0.078	1.376	拒绝
H_{1b} 音乐一致性→唤起	−0.193	−2.425*	接受
H_{1c} 唤起→愉悦	−0.345	−5.235**	接受
H_2 音乐一致性→服务质量感知	0.083	4.416**	接受
H_{3a} 愉悦→服务质量感知	0.174	2.109**	接受
H_{3b} 唤起→服务质量感知	−0.123	−1.616	拒绝
H_{4a} 愉悦→顾客公民行为倾向	0.625	6.145*	接受
H_{4b} 唤起→顾客公民行为倾向	−0.153	3.829*	接受
H_5 服务质量感知→顾客公民行为倾向	0.438	5.446**	接受

注:*$p < 0.05$;**$p < 0.01$。

模型统计参数均满足 Bentler 的评估标准，由此可见，结构模型与观测的样本数据有较好的拟合效果。

从表 4-10 路径分析结果及图 4-2 结构模型标准参数估计可以看出，假设 H_{1a}、H_{3b} 没有通过检验，它们代表的假设关系不显著；假设 H_{1b}、H_{4a}、H_{4b} 在 $p = 0.05$ 水平下显著；假设 H_{1c}、H_2、H_{3a}、H_5 在 $p = 0.01$ 水平下显著。

在假设中包括部分中介和完全中介，我们使用 Baron 和 Kenny（1986）方法和 Sobel（1982）检验中介效应。

假设 H_1 表示了唤起在音乐一致性和愉悦之间的中介作用。实证研究的结果显示音乐一致性感知对唤起有影响（$β = -0.193$，$p < 0.05$），但是对愉悦没有直接影响（$β = 0.078$，$p = 0.091$）。唤起对愉悦有显著负影响（$β = -0.345$，$p < 0.01$）。Sobel 检验证实了完全中介作用（$z = 2.8935$，$p < 0.01$）。H_1 部分得到验证，音乐一致性通过唤起的完全中介作用提高顾客的愉悦。音乐一致性对顾客愉悦的组合效应是正向的（$((-0.193 \times -0.345) + 0.078 = 0.145)$）。

H_3 显示愉悦和唤起在音乐一致性和对服务质量感知之间具有中介作用。考虑到音乐一致性和愉悦之间的直接联系不显著，愉悦在音乐一致性和服务质量感知之间的中介作用也就不存在。因为唤起在音乐一致性和愉悦之间具有完全中介作用，所以我们考虑愉悦在唤起和服务质量感知之间的中介作用。愉悦提升顾客对服务质量的感知（$β = 0.174$，$p < 0.01$），H_{3a} 成立。根据 Sobel 检测，愉悦在唤起和服务质量感知之间具有完全中介作用（$z = 2.7123$，$p < 0.05$）。H_{3b} 预测了唤起在音乐一致性和服务质量感知之间的中介作用。实证研究结果显示，唤起和服务质量感知之间的关系不显著（$β = -0.123$，$p > 0.1$），H_{3b} 不成立。然而，音乐一致性对服务质量感知有直接影响（$β = 0.083$，$p < 0.01$）。与 H_2 假设一致。

唤起和愉悦影响顾客公民行为倾向（$β = 0.625$，$p < 0.05$；$β =$

-0.153,$p < 0.05$),H_{4a}、H_{4b} 成立。服务质量感知正向影响顾客公民行为倾向（$\beta = 0.438$,$p < 0.01$）,H_5 成立,服务质量感知在愉悦和顾客公民行为倾向之间具有部分中介作用。

第四节 主要研究结果

（1）前面提出的九个假设，经过实证分析之后，除 H_{1a}、H_{3b} 之外，全部成立，验证了背景音乐一致性对顾客公民行为倾向的影响。

（2）音乐一致性负向影响顾客的唤起，而且唤起在音乐一致性和愉悦之间具有完全中介作用。

（3）愉悦在唤起和服务质量感知之间具有完全中介作用。当顾客具有低唤起状态时，顾客产生更高的愉悦感，从而提升服务环境感知。

（4）唤起负向影响顾客公民行为倾向，而且通过负向影响愉悦从而影响顾客公民行为倾向。愉悦正向影响顾客公民行为倾向。

（5）音乐一致性正向影响顾客服务质量感知，而顾客服务质量感知正向影响顾客公民行为倾向。

本章小结

本章对服务环境构成要素——背景音乐的外在因素（与环境的一致性）对顾客公民行为的影响进行了探讨。以 Bitner 提出的服务场景模型为基础，建立了背景音乐一致性与顾客公民行为的概念模型，利用结构方程进行假设检验，验证了顾客情感反应和认知反应的中介作用。

第五章 整体服务环境和背景音乐对顾客公民行为影响的比较分析

通过实证研究来探讨顾客整体服务环境感知对顾客公民行为的影响。以 M-R 模型为基础，构建顾客整体服务环境感知、顾客消费情感、顾客感知服务质量和顾客公民行为倾向之间的关系模型。对调研数据进行分析，给出信度和效度检验结果以及主要的研究结果。将整体服务环境和背景音乐（服务环境构成要素的典型示例）对顾客公民行为的影响机理进行比较，找出异同点。

第一节 整体服务环境感知对顾客公民行为的影响研究

一、概念模型设计

已有研究表明，顾客的情感因素及感知服务质量对顾客公民行为会产生影响。而对于服务环境对顾客行为的影响研究，通过对文献的梳理可以发现，主要通过两条路径：一条强调情感因素，是以 Mehrabian 和 Russell 提出的 M-R 模型为基础，强调情感在服务环境和顾客行为之间的中介作用，而且经过在零售业、旅游业等消费情景下的实证研究得到了验证；另一条强调认知的作用，是以感知服务质量作为中介变量，强调顾客通过对服务环境的感知形成对服务质量的感知，进而影响顾客行为倾向。

以上两条研究路径，在以往对顾客公民行为的研究中都是分离的。Zajonc 和 Lazarus 等学者认为应该将由服务环境引起的情感和认知反应综合起来考虑，从而深化对服务环境和顾客行为之间关系的理解和认识。

基于上述分析，本书将顾客情感和认知综合考虑，将顾客行为的范围界定在顾客公民行为，建立如图 5-1 所示概念模型。该概念模型展现了顾客整体服务环境感知、顾客消费情感、感知服务质量和顾客公民行为倾向之间的相互关系。

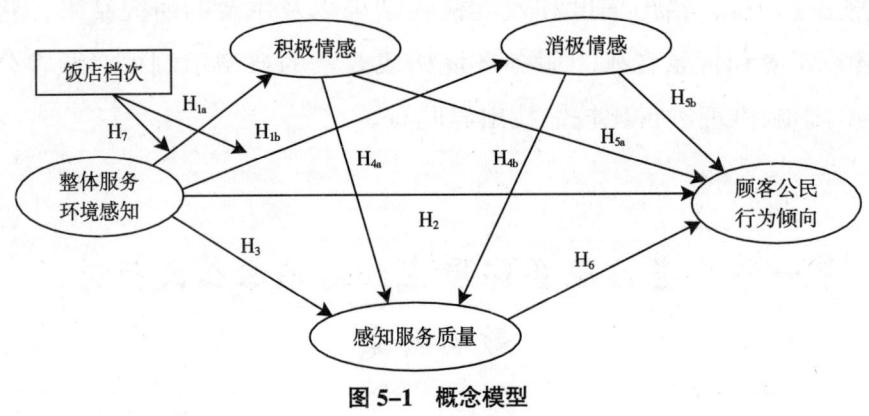

图 5-1 概念模型

二、研究假设

(一) 整体服务环境感知与顾客消费情感

在本书中，服务环境界定为顾客在接受服务时所处的服务场景，包括实体环境和社会环境。整体服务环境感知为顾客对于接受服务时所处环境，包括对服务场所内外装饰、空间布局、服务场景内的温度、湿度、声音等各种因素整体质量的感知。

借鉴 David Weston 和 Auke Tellegen 提出的双因素情感模型，把顾客的消费情感划分为积极情感（Positive Affect）和消极情感（Negative Affect）。其中，积极情感包括"高兴"（Happy）、"惊喜"（Delighted）、"满意"（Pleased）、"兴趣"（Entertained）四类，消极情感包括"沮丧"（Unhappy）、"失望"（Disappointed）、"恼怒"（Annoyed）、"无趣"（Bored）四类。

基于 M-R 模型所揭示的顾客会因为某些刺激而产生某种情感，服务行业希望借助于服务环境来影响顾客的情感。Wakefield 和 Blodgett 认为，对体育场所服务环境的感知与兴奋的情感是直接和正向相关的。Hightower 等的研究表明观众对于体育场所服务环境的感知和正向情感之间存在正相关关系；Spies 等发现顾客的情感在愉快的服务环境下会变好，而在不舒适的服务环境下会恶化；朱洪军和徐玖平认为服务环境对于顾客的积极情感和消极情感有显著影响。W. G. Kim 和 Y. J. Moon 认为顾客对于实体服务环境的感知会影响顾客的情感。因此，提出假设1：

H_{1a}：顾客的整体服务环境感知正向影响顾客积极情感。

H_{1b}：顾客的整体服务环境感知负向影响顾客消极情感。

（二）整体服务环境感知与顾客公民行为倾向

在本书中，通过顾客公民行为倾向表现顾客的行为意愿。

Mehrabian 和 Russell 认为，个体的趋避行为受到外在刺激和内心感受的影响，而这种外在刺激在服务接触中包括对服务环境的感知。Kofler 认为环境氛围会显著影响顾客的行为，舒适良好的环境能够为企业带来更高的客流量和销售量。Bitner 甚至认为对于环境氛围的设计和管理会决定企业的成败。顾客进入服务场所之后，服务场所的环境既会刺激顾客某种行为的产生，同时也有可能阻碍他们某些行为的产生。当顾客对整体服务环境感到满意时，就会产生一些趋近行为。因此，提出假设2：

H_2：顾客整体服务环境感知正向影响顾客公民行为倾向。

(三) 整体服务环境感知与感知服务质量

感知服务质量是反映顾客在接受某种服务的过程中对其总体质量水平的实际感受。在本书中，对于感知服务质量的测量使用整体服务质量感知来完成。

服务环境可能会引起认知反应（如感知服务质量），从而影响顾客对于场所、产品或者服务场所中人的评价。大多数的人类信息加工理论都是以来自环境的信息在输出之前是公认的、经过编码和处理的假设为基础的。环境的刺激可能会引起认知反应，从而影响顾客对于产品或服务质量的评价。例如，如果顾客感觉饭店的内外装饰很吸引人，或者品牌标语是可信的，这些都会影响到其对于服务质量的感知。对服务质量的感知包括对于服务递送不同方面质量的总体感知（如食物的质量、饭店的价格等）。大量的研究表明了环境因素对于顾客服务质量的感知。Bitner阐述，对于服务环境的感知不仅影响对服务环境自身的认知，而且会影响对其他服务属性的认知。Wakefield和Blodgett的研究发现了服务环境对于感知服务质量的影响，虽然不好的服务质量可能会带来消极的情感反应，但是好的有形服务环境可能有助于消除这些负面情感。Rust和Oliver探讨了服务质量中可靠性的感知是在顾客对于服务环境（如设计）的评价的基础之上的。Rys等的研究发现顾客对服务质量的判断是以对于服务环境的感知为基础的。服务是无形的，而且常常要求顾客在场，因此服务环境会对服务接触质量的感知有显著的影响。因此，提出假设3：

H_3：顾客整体服务环境感知正向影响顾客整体服务质量感知。

(四) 消费情感和感知服务质量

心理学家认为顾客的情感和认知之间存在着紧密的关系，认知过程中不可避免地会有情感的介入。积极情感和消极情感分别会对认知造成正面或负面的影响。当顾客接受到好的服务时，情绪就会变好，进而对服务的评价也会提升。Kamins等发现愉快的广告在愉快的节目中播放，要比在伤感的节目中播放产生更少的不利认知，而且使顾客对服务质量的评价更高，因此，提出假设4：

H_{4a}：顾客积极情感正向影响顾客的整体服务质量感知。

H_{4b}：顾客消极情感负向影响顾客的整体服务质量感知。

（五）消费情感和顾客公民行为倾向

一些学者将情感看成是行为导向的，Bergenwall 称"情感经常会导致某种行为，比如他们具有某种结果"。Zajonc 提出个体在某种情感状态下会采取某种行为，而不管认知活动的层次如何。再有，M-R 模型表明情感反应会引起两种相反的行为：趋近和逃避。趋近行为包括所有针对特定服务环境的正向行为，如愿意停留、正向口碑等。逃避行为是和趋近行为相反的行为，如不愿意停留、负向口碑等。在趋近行为中包括了顾客公民行为，已有文献研究表明，顾客的情感会影响顾客公民行为。在零售业文献中，Donovan 和 Rossiter 提供了顾客从服务环境中获得的愉悦情感会影响其产出的实证例子，如顾客的重购、享受购物的过程、愿意同雇员交流等。Williams 和 Shiaw 的研究发现，顾客的情感状态会影响顾客产生顾客公民行为的程度。Spector 和 Fox 的研究表明，当人们处于积极情感状态时会采取某种行为去迎合自己的情感状态以使自己感觉更好，这种行为的范例是和公民行为相似的利他行为。Youjae Yi 的研究证实了顾客正向情感和顾客公民行为之间存在正向关系。因此，提出假设5：

H_{5a}：顾客积极情感正向影响顾客公民行为倾向。

H_{5b}：顾客消极情感负向影响顾客公民行为倾向。

（六）感知服务质量和顾客公民行为倾向

关于感知服务质量与顾客公民行为倾向之间的关系，最近的一些研究提供了一些证据。Zeithaml 等的研究发现感知服务质量决定顾客正向口碑、推荐企业及保持对企业忠诚的倾向。Boulding 等的研究也表明在服务质量与学生推荐学校和毕业后向学校捐款等行为之间存在正相关关系。Wakefield 和 Blodgett 证实了在感知服务质量和推荐意愿之间的关系。顾客正向口碑、推荐行为及捐款行为都属于顾客公民行为范畴。因此，提出假设6：

H_6：顾客整体服务质量感知正向影响顾客公民行为倾向。

(七) 饭店档次的调节作用

根据社会心理学中的期望不一致理论，顾客在消费前形成期望本次消费所达到的标准，在消费后，顾客会将消费过程中的感知实绩同这些标准进行比较，产生的差距大小和方向决定了顾客是否满意和满意的程度。期望不一致范式实际上将顾客满意描述为一种理性的认知评价过程，强调了认知过程（期望、实绩与差距）对顾客满意的影响，忽略了情感因素的作用。1987年，美国学者Westbrook首先从心理学领域引入"顾客情感"概念，探讨顾客情感和期望不一致范式对顾客满意的影响，研究表明顾客对产品的满意程度既受顾客对产品的认知性评估的影响，也受顾客情感的影响。依据归因理论，Oliver认为顾客情感虽然是在使用产品或接受服务时产生的，但是不同顾客情感产生的具体原因有所不同，有些情感是来源于产品或服务，但也有些情感是来源于顾客本身或者外界的特殊环境。根据情感的认知评价理论，人的情感受其自身的认知评价的影响。Lazarus主张情感的产生是个体对所处环境进行认知评价的结果。认知对事物的评价可以发动、转移或改变情感反应和体验。同时，Oliver指出，期望不一致在顾客情感的形成过程中发挥了重要的作用，即顾客情感反应取决于感知是比期望的好还是差。

顾客对不同档次饭店的服务环境有不同的期望，顾客对高档次的饭店会期望其有个"优美"的环境，而对低档次的饭店会降低自身的期望。当顾客实地光临不同档次的饭店时，会将真实的服务环境与其期望进行比较，从而触发积极情感或消极情感。因此，提出假设7：

H_7：饭店的档次在服务环境感知对顾客消费情感的影响关系中具

有调节作用。

三、研究设计与数据收集

前文在文献综述和理论分析的基础上构建了理论模型和研究假设，需要对其结果的正确性进行验证。本调研参考已有文献对相关变量的测量量表，设计各变量的测量问项，结合调研内容制定初始问卷。通过小规模的访谈，对问卷进行修正，然后通过小样本的前测，确定最终的测量量表及正式问卷。最后，通过确定调研对象样本，搜集研究数据，为后续的实证分析提供支持。

（一）研究设计

1. 变量的测量

本调研涉及的变量包括顾客公民行为倾向、整体服务环境感知、积极情感、消极情感、整体服务质量感知。为提高测量的效率及给被调查者在调查过程中带来便利，本调研中的变量均采用单维构念进行测量。

（1）顾客公民行为倾向。参照前面的研究，顾客公民行为倾向选取7个问项进行测量，如表5-1所示，测量采用7级Likert量表，其中"1"代表完全不同意；"2"代表不同意；"3"代表有点不同意；"4"代表一般；"5"代表有点同意；"6"代表同意；"7"代表完全同意。

表 5-1 顾客公民行为倾向测量量表

变量名	编号	问项	参考来源
顾客公民行为倾向	CCB1	把这个餐馆推荐给我的朋友	Groth（2005）；Bettercourt（1997）
	CCB2	在就餐中帮助他人	
	CCB3	帮助某人正确地完成就餐过程	
	CCB4	向其他顾客解释如何正确地完成就餐过程	
	CCB5	填写顾客满意调查表	
	CCB6	我向餐馆提供如何促进服务的反馈意见	
	CCB7	如果我有促进服务的意见，我会让餐馆的某个人知道	

（2）整体服务环境感知。从前面关于服务环境的定义来看，服务

环境主要包括两个方面，即有形环境和无形环境。具体到测量，本书借鉴 Brady 和 Cronin（2000）、Bitner（1990）、张振刚和肖田野（2006）对服务环境感知中所提出的指标，包含了温度、灯光、整体设施的布局、背景音乐及顾客群态等。如表5-2所示。

表5-2 整体服务环境感知的测量量表

变量名	编号	问项	参考来源
整体服务环境感知	SE1	餐馆里的灯光适度	Brady，Cronin（2000）；Bitner（1990）；张振刚、肖田野（2006）
	SE2	餐馆里的温度适中	
	SE3	餐馆的布局是合理的	
	SE4	餐馆的色彩运用合理，令人感到舒适	
	SE5	餐馆的装饰物有品位、有特色	
	SE6	餐馆里的背景音乐优美	
	SE7	餐馆里其他顾客行为举止文明	
	SE8	餐馆的灯光照明设计科学，感觉舒适	
	SE9	餐馆里空气清新、无异味	
	SE10	餐馆里有足够的空间	
	SE11	餐馆里客流量适中	

（3）消费情感。目前，学者有关消费情感的概念测量较为统一，通常都将消费情感作为独立的单级概念，将其划分为积极情感和消极情感。本书在 David Weston 和 Auke Tellegen Rchins 等的研究基础之上，提出消费情感的测量指标，如表5-3所示。

表5-3 消费情感的测量量表

变量名	编号	问项	参考来源
积极情感	PA1	这个餐馆给我的感觉是高兴的	David Weston，Auke Tellegen（1988）
	PA2	这个餐馆给我的感觉是惊喜的	
	PA3	这个餐馆给我的感觉是满意的	
	PA4	这个餐馆给我的感觉是有趣的	
消极情感	NA1	这个餐馆给我的感觉是沮丧的	
	NA2	这个餐馆给我的感觉是失望的	
	NA3	这个餐馆给我的感觉是生气的	
	NA4	这个餐馆给我的感觉是无趣的	

(4) 服务质量感知。同前面的研究，服务质量感知用整体服务质量感知进行测量，具体题项如表 5-4 所示。

表 5-4 整体服务质量感知的测量量表

变量名	编号	问项	参考来源
整体服务质量感知	SQ1	这个餐馆的整体服务质量是好的	Woo Gon Kim, Yun Ji Moon (2009)
	SQ2	这个餐馆的整体服务质量比我预想的要好	
	SQ3	这个餐馆的整体服务质量和它应当提供的服务质量是一样的	

2. 调查方法的选择

本调研对整体服务环境感知、消费情感、服务质量感知和顾客公民行为倾向等潜变量的调查使用问卷调查法。

此调查问卷共包括三部分内容：问卷简介、问卷正文与被调查者信息。为使调查问卷具有良好的信度和效度，满足调查要求，整个问卷的设计经过预测试（因顾客公民行为倾向、整体服务质量感知两个潜变量在前面研究中已经确定测量量表，因此在此直接使用）、反复修改、删除表达不清的问项，并向被调查者征求关于问卷填写等方面的意见。通过小规模访谈和问卷前测对本调查问卷进行修正，最后形成正式的调查问卷（见附录三）。

3. 小规模访谈

在本调研中，为了提高测量量表的内容效度，发放了15份初始问卷，对整体服务环境感知、消费情感测量量表进行初步测试。发放对象包括5名博士生、5名硕士生、5名服务企业员工。在访谈过程中，我们告知被调查者研究的内容、各变量的内涵及相互关系，请其提出建议。在访谈过程中，被调查者针对调查问卷的总体设计、测量问项的语意表达、问项是否重复等问题给出了建议。在小规模访谈基础上，对调查问卷的题量、问项的表达等进行了完善，最后形成3个变量、18个测量问项，具体如表5-5所示。

表 5-5 访谈修正后研究变量汇总

变量名	编号	问项	参考来源
整体服务环境感知	SE1	餐馆里的灯光适度	Brady, Cronin (2000); Bitner (1990); 张振刚、肖田野 (2006)
	SE2	餐馆里的温度适中	
	SE3	餐馆的布局是合理的	
	SE4	餐馆的色彩运用合理,令人感到舒适	
	SE5	餐馆的装饰物有品位、有特色	
	SE6	餐馆里的背景音乐优美	
	SE7	餐馆里其他顾客行为举止文明	
	SE8	餐馆里空气清新、无异味	
	SE9	餐馆里有足够的空间	
	SE10	餐馆里客流量适中	
积极情感	PA1	这个餐馆给我的感觉是高兴的	David Weston, Auke Tellegen (1988)
	PA2	这个餐馆给我的感觉是惊喜的	
	PA3	这个餐馆给我的感觉是满意的	
	PA4	这个餐馆给我的感觉是有趣的	
消极情感	NA1	这个餐馆给我的感觉是沮丧的	David Weston, Auke Tellegen (1988)
	NA2	这个餐馆给我的感觉是失望的	
	NA3	这个餐馆给我的感觉是生气的	
	NA4	这个餐馆给我的感觉是无趣的	

4. 问卷前测

本调研的前测通过 E-mail 电子问卷和纸质问卷两种形式收集数据,发送近 100 封 E-mail、70 份纸质问卷,最后回收电子问卷 65 份,纸质问卷 59 份,共计 124 份,问卷回收率 73%。

(1) 信度分析。利用 SPSS 16.0 分析得出问卷前测中各变量的信度结果如表 5-6 所示。

根据吴明隆(2000)的观点,从表 5-6 可以看出,整体服务环境感知、积极情感、消极情感、三个变量的 Cronbach's α 系数分别为 0.896、0.884 和 0.915,大于 0.7,符合要求。

在题项中,整体服务环境感知中的"餐馆里有足够的空间"、"餐馆里空气清新、无异味"和"餐馆里客流量适中"三个题项与总体的相关系数过低,分别小于 0.4,而且删除题项后的 Cronbach's α 系数均呈现激增的现象,因此删除这三项。积极情感、消极情感变量题项与总

第五章 整体服务环境和背景音乐对顾客公民行为影响的比较分析

表 5-6 问卷前测信度分析表

变量	编号	题目代码	Cronbach's α 系数	项目—总体相关系数	删除题项后的 Cronbach's α 系数
整体服务环境感知	SE1	餐馆里的灯光适度	0.896	0.627	0.895
	SE2	餐馆里的温度适中		0.612	0.891
	SE3	餐馆的布局是合理的		0.699	0.892
	SE4	餐馆里有足够的空间		0.245	0.911
	SE5	餐馆的装饰物有品位、有特色		0.789	0.880
	SE6	餐馆里的背景音乐优美		0.714	0.888
	SE7	餐馆的色彩运用合理，令人感到舒适		0.546	0.892
	SE8	餐馆里空气清新、无异味		0.312	0.908
	SE9	餐馆里其他顾客行为举止文明		0.762	0.883
	SE10	餐馆里客流量适中		0.346	0.907
积极情感	PA1	这个餐馆给我的感觉是高兴的	0.884	0.726	0.863
	PA2	这个餐馆给我的感觉是惊喜的		0.747	0.852
	PA3	这个餐馆给我的感觉是满意的		0.787	0.849
	PA4	这个餐馆给我的感觉是有趣的		0.713	0.874
消极情感	NA1	这个餐馆给我的感觉是沮丧的	0.915	0.825	0.888
	NA2	这个餐馆给我的感觉是失望的		0.818	0.889
	NA3	这个餐馆给我的感觉是生气的		0.787	0.900
	NA4	这个餐馆给我的感觉是无趣的		0.798	0.898

体的相关系数均大于 0.4，删除之后又无明显的激增现象，均符合要求。整体服务环境感知测量量表通过信度分析共删减了三个问项，题项总数变为七项。

（2）效度分析。对于内容效度，本调研在确定测量问项时，是在文献回顾的基础上提出的，并通过小规模访谈进行了修正，因此具有较高的内容效度。

对于结构效度的评估，首先，通过 KMO 样本测度（Kaiser-Meyer-Olkin Measure of Sampling Adequacy）和 Bartlett 球体检验（Battlett Test of Sphericity）两种方法，计算出整体服务环境感知、积极情感和消极情感三个变量的 KMO 值分别为 0.878、0.759 和 0.738，均大于 0.5，Bartlett 统计值的显著性概率均为 0，因此适合做因子分析。其次，选用主成分分析方法，分别对这 3 个变量提取 1 个特根值，并依据方差最大法进行旋转，测量项目在所属因子载荷均大于 0.5，具有较好的结构效度。如表 5-7、表 5-8 所示。

表 5-7 潜变量 KMO 样本测度和 Bartlett 球体检验

潜变量	KMO 值	Bartlett 球体检验		
		χ^2	df	Sig.
整体服务环境感知	0.878	639.492	21	0.000
积极情感	0.759	335.454	6	0.000
消极情感	0.738	496.880	6	0.000

表 5-8 主成分分析

变量	问项	因子载荷	因子数
整体服务环境感知	光线适度	0.837	1
	温度适中	0.799	
	色彩运用合理	0.884	
	装饰物有品位	0.828	
	其他顾客行为举止文明	0.781	
	布局合理	0.810	
	装修风格独特	0.826	
积极情感	高兴	0.868	1
	惊喜	0.903	
	满意	0.888	
	有趣	0.842	
消极情感	沮丧	0.932	1
	失望	0.917	
	生气	0.901	
	无趣	0.897	

（二）数据收集

1. 调查对象的选择

本调研主要是研究整体服务环境感知和顾客公民行为之间的关系，餐饮业中的饭店/餐馆具有不同的档次，而不同档次的饭店/餐馆服务环境差异很大，如高档次的饭店/餐馆装饰、装潢会很考究，会有悠扬的音乐、柔和的灯光、幽静的气氛和高雅的装饰；而低档次的饭店/餐馆装饰很简单，环境比较"恶劣"。这种差异比较大的服务环境会带来样本的差异性，有利于统计分析，因此我们选择不同档次饭店/餐馆的顾客为调查对象，研究他们的整体服务环境感知与顾客公民行为之间的关系。

2. 调研方法与过程

本调研采用网上问卷调查与随机拦截调查相结合的方式进行数据收集，正式调研时间历时两个月，共发出问卷 500 份，回收 480 份，其中的 467 份有效问卷用于随后的数据分析，另外 13 份问卷由于不符合要求而被放弃。对于无效问卷的删除主要是两个原因：①答题不完整，有些题项存在遗漏；②答题不认真，随意应付。例如，频繁出现连续两个以上变量的题项答案相同的情况，则表明答题者没有认真阅读问卷的问项。

在 467 份有效问卷中，就饭店名称这一项，通过实地调查的方式，按照《餐馆分类标准》将饭店档次分为高档次和低档次两类。

3. 研究方法

本调研采用两阶段方法，利用 SPSS 16.0 和 AMOS 7.0 软件包进行数据分析。首先，利用 SPSS 通过计算 Cronbach's α 系数检验测量的信度，通过计算标准化的因子载荷和平均抽取方差检验测量的收敛效度和区别效度。其次，采用结构方程模型对提出的概念模型进行检验，探索整体服务环境、消费情感及服务质量感知对顾客公民行为的作用机理。

四、数据分析

（一）描述性统计

在 467 份有效问卷中，被调查者主要为学生，共 419 人，占 89.7%；性别男性占 32.8%，女性占 67.2%；饭店档次中高档占 55.5%，低档占 45.5%。表 5-9 为样本的描述性统计及饭店档次。

表 5-9 样本描述性统计和饭店档次

项　目		样本量	百分比（%）
性别	男	153	32.8
	女	314	67.2
职业	国家机关、党群组织、企业、事业单位负责人	5	1.0
	专业技术人员	6	1.3
	办事人员和有关人员	14	3.0
	商业、服务业人员	6	1.3
	农、林、牧、渔、水利生产人员	3	0.7
	生产、运输设备操作人员及有关人员	11	2.3
	学生	419	89.7
	其他	3	0.7
年龄	18~24 岁	416	89.0
	25~29 岁	12	2.7
	30~39 岁	6	1.3
	40~49 岁	25	5.3
	50 岁以上	8	1.7
学历	高中及以下	3	0.7
	大专	20	4.3
	本科	414	88.6
	研究生及以上	30	6.4
月收入	2000 元以下	426	91.3
	2001~3000 元	19	4.1
	3001~4000 元	7	1.4
	4001~5000 元	8	1.8
	5000 元以上	7	1.4
饭店档次	高档	259	55.5
	低档	208	44.5

（二）信度和效度检验

1. 信度

利用 SPSS 16.0 对问卷进行信度分析。顾客公民行为倾向等 5 个潜变量的 Cronbach's α 系数在 0.836~0.919，均大于 0.70，且删除题项后的 Cronbach's α 系数均小于相应构念的 Cronbach's α 系数值，说明测量题项的可靠性较高。组合信度的值在 0.868~0.905，也达到了相应的要求。因此，采用设计的量表可以对潜变量进行可靠的测量。如表 5-10 所示。

表 5-10 信度检验结果

构念	题目代码	Cronbach's α 系数	项目—总体相关系数	删除题项后的 Cronbach's α 系数	组合信度
整体服务环境感知	SE1	0.906	0.687	0.895	0.891
	SE2		0.637	0.901	
	SE3		0.720	0.892	
	SE4		0.774	0.886	
	SE5		0.823	0.880	
	SE6		0.753	0.888	
	SE7		0.637	0.901	
整体服务质量感知	SQ1	0.871	0.770	0.803	0.868
	SQ2		0.788	0.787	
	SQ3		0.704	0.863	
积极情感	PA1	0.894	0.754	0.868	0.881
	PA2		0.787	0.856	
	PA3		0.798	0.851	
	PA4		0.724	0.879	
消极情感	NA1	0.919	0.830	0.890	0.905
	NA2		0.824	0.891	
	NA3		0.796	0.900	
	NA4		0.808	0.897	
顾客公民行为倾向	CCB1	0.836	0.527	0.823	0.877
	CCB2		0.570	0.816	
	CCB3		0.612	0.809	
	CCB4		0.688	0.796	
	CCB5		0.680	0.798	
	CCB6		0.611	0.809	
	CCB7		0.529	0.822	

2. 效度

本调研在量表开发过程中，首先，邀请专家对构念及对应的题项进行主观判断，使其具有内容效度；其次，采用统计分析法，计算得到项目—总体相关系数均在 0.5 以上，进一步验证该量表具有较高的内容效度。根据分析结果，所有问项在其所对应的潜变量上都具有较高的标准化因子载荷（之间），且均在 0.6 的水平上显著，满足收敛效度的要求。另外，所有潜变量的平均方差抽取量都超过了 0.5 的最低要求，如表 5-11 所示，表明指标可以解释潜变量的大部分变差，进一步通过将每个潜变量的 AVE 值与潜变量间相关系数的平方进行比较来检验量表的区别效度，表 5-12 给出了区别效度的分析结果，通过表 5-12 可以看出，每个潜变量的 AVE 值都要大于潜变量间相关系数的平方，区别效度通过检验。

表 5-11 效度检验结果

构念	题目代码	标准化因子载荷	平均抽取方差
整体服务环境感知	SE1	0.710	0.539
	SE2	0.658	
	SE3	0.792	
	SE4	0.711	
	SE5	0.786	
	SE6	0.719	
	SE7	0.752	
整体服务质量感知	SQ1	0.872	0.688
	SQ2	0.843	
	SQ3	0.770	
积极情感	PA1	0.862	0.651
	PA2	0.774	
	PA3	0.867	
	PA4	0.715	
消极情感	NA1	0.946	0.708
	NA2	0.929	
	NA3	0.722	
	NA4	0.744	
顾客公民行为倾向	CCB1	0.651	0.509
	CCB2	0.611	
	CCB3	0.734	
	CCB4	0.889	
	CCB5	0.724	
	CCB6	0.651	
	CCB7	0.697	

第五章 整体服务环境和背景音乐对顾客公民行为影响的比较分析

表 5-12 区别效度的分析结果

	整体服务环境感知	整体服务质量感知	消极情感	积极情感	顾客公民行为倾向
整体服务环境感知	**0.539**				
整体服务质量感知	0.441	**0.688**			
消极情感	0.138	0.293	**0.708**		
积极情感	0.440	0.567	0.252	**0.651**	
顾客公民行为倾向	0.094	0.106	0.087	0.174	**0.509**

注：对角线上的粗体数字为 AVE 值。

（三）顾客公民行为的人口统计特征分析

使用方差分析来检验顾客公民行为及其在人口统计变量上的特征。从表 5-13 可以看出顾客公民行为在年龄、职业和受教育程度上存在显著性差异，在性别和收入上不存在显著差异。

表 5-13 方差分析结果

	性别	年龄	职业	受教育程度	收入
顾客公民行为	0.099	0.000*	0.000*	0.000*	0.421

注：* 表示显著性水平为 0.05。

表 5-14 不同人口统计变量顾客公民行为均值

人口统计变量		题项 推荐给我的朋友	帮助他人	填写顾客调查表	提供反馈意见	让员工知道改进服务的意见	告知某员工服务好	调查时提供相关信息
职业	单位负责人/办事人员	5.33	4.67	4.93	4.47	4.20	4.60	4.53
	专业技术人员	**6.07**	**6.00**	**5.64**	**5.43**	**5.71**	**5.86**	**5.71**
	学生	4.54	4.43	4.58	4.06	3.96	3.88	4.75
	其他	4.50	3.50	5.50	2.50	2.50	2.50	4.50
受教育程度	大专及以下	**5.47**	**5.47**	**5.60**	**5.67**	**5.73**	**5.80**	**5.67**
	本科	4.57	4.43	4.05	4.59	3.95	3.88	4.76
	研究生及以上	4.89	4.84	4.74	4.00	4.05	4.26	4.63
年龄	18~24 岁	4.55	4.44	4.59	4.06	3.96	3.87	4.77
	25~29 岁	4.53	4.63	5.00	3.88	3.38	3.75	4.38
	30~39 岁	4.85	4.25	4.75	4.25	4.75	5.00	4.50
	40~49 岁	5.50	5.38	5.00	4.63	5.06	5.25	5.06
	50 岁以上	**6.20**	**5.60**	**6.20**	**6.60**	**6.00**	**6.60**	**6.60**

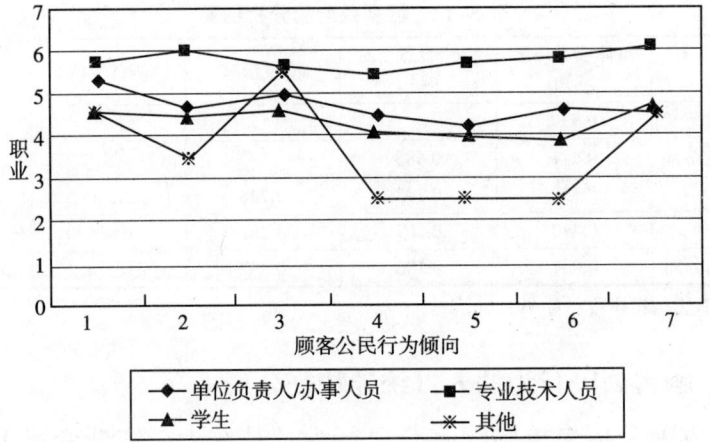
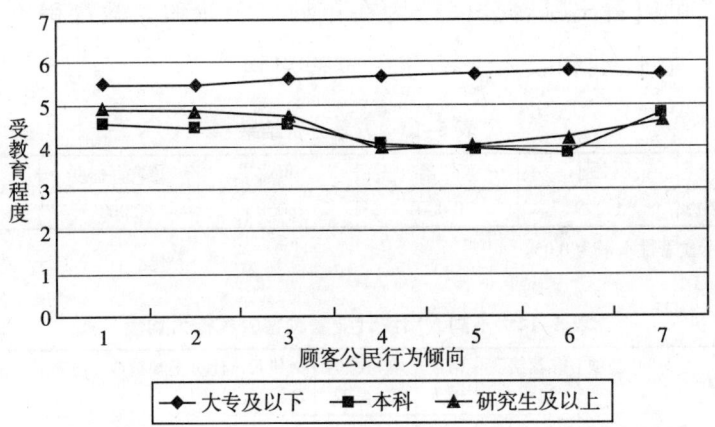
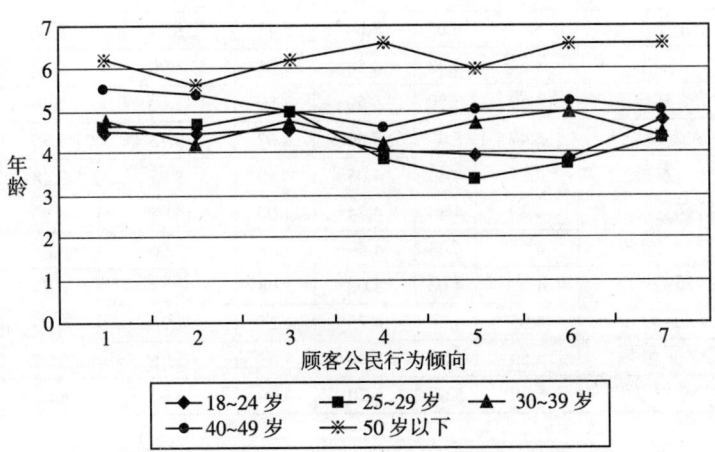

图 5-2 不同人口统计变量顾客公民行为均值

第五章 整体服务环境和背景音乐对顾客公民行为影响的比较分析

进一步比较顾客公民行为测量题项在职业、受教育程度和年龄上的均值,如表5-14及图5-2所示。从职业的角度来看,专业技术人员在顾客公民行为倾向各个题项上的均值最高,这一类人群更倾向于自发做出有利于企业的行为,如推荐、帮助其他顾客等;其次是单位负责人或办事人员;最后是学生。从受教育程度上看,与我们平时认为的学历越高的消费者自发性应该更强的认识不同,调查反映出大专及以下文化水平的消费者各个题项的均值最高;而本科和研究生及以上学历的消费者在每个题项上的均值表现不一样,如本科学历的消费者更倾向于"提供反馈意见"和"调查时提供相关信息";而研究生及以上学历的消费者在推荐、帮助其他顾客等行为上要比本科学历的消费者更积极。在年龄统计变量中,50岁以上的消费者各个题项的均值最高,表现出这一年龄段的消费者更容易产生顾客公民行为;其次是40~49岁的顾客;而其他年龄段的顾客在各个题项的均值表现不一样,30~39岁的消费者更愿意"推荐给我的朋友"和"告知某员工服务好",而25~29岁的消费者更愿意"帮助他人"和"填写顾客调查表"。

(四) 结构模型的拟合度评价及假设检验

在确认了量表的信度和效度之后,在样本数据中运行AMOS7.0软件,基于最大似然估计的方法计算结构模型拟合指标和各路径系数的估计值。表5-15给出模型整体拟合参数。按照Bentler的评估标准,如果 $\chi^2/Df \leq 3$,CFI、IFI、NFI、RFI大于或等于0.90、GFI ≥ 0.85,RMSEA ≤ 0.05,则模型的拟合效果是可接受的。由表5-15不难看出,模型统计参数均满足Bentler的评估标准,由此可见,结构模型与观测的样本数据有较好的拟合效果。

表5-15 模型拟合参数

Df	χ^2	χ^2/Df	GFI	CFI	NFI	IFI	RFI	RMSEA
252	444.06	1.76	0.895	0.963	0.919	0.963	0.903	0.05

从表 5-16 的路径分析结果可以看出,假设 H_2 没有通过检验,它们代表的假设关系不显著;假设 H_{1a}、H_{1b}、H_{5b}、H_6 在 $p=0.05$ 水平下显著;假设 H_3、H_{4a}、H_{4b}、H_{5a} 在 $p=0.01$ 水平下显著。

表 5-16 模型的路径分析与假设检验结果

假设路径	估计值	T值	结论
H_{1a} 整体服务环境感知→积极情感	0.177	1.996*	接受
H_{1b} 整体服务环境感知→消极情感	−0.153	−1.987*	接受
H_2 整体服务环境感知→顾客公民行为倾向	0.056	0.487	拒绝
H_3 整体服务环境感知→感知服务质量	0.800	10.995**	接受
H_{4a} 积极情感→感知服务质量	0.733	7.760**	接受
H_{4b} 消极情感→感知服务质量	−0.604	−5.313**	接受
H_{5a} 积极情感→顾客公民行为倾向	0.123	3.829**	接受
H_{5b} 消极情感→顾客公民行为倾向	−0.082	1.972*	接受
H_6 感知服务质量→顾客公民行为倾向	0.128	3.786*	接受

注:*$p<0.05$;**$p<0.01$。

(五) 饭店档次的调节作用分析

调节因素,也叫调节变量,简单地说,如果变量 X 与变量 Y 有关系,但是 X 与 Y 的关系受第三个变量 Z 的影响,那么 Z 就是调节因素,即变量 Y 与变量 X 的关系是变量 Z 的函数,那么 Z 就是调节因素,这里变量 X 仍被设定为自变量,而变量 Y 被设定为因变量。变量 Z 对自变量 X 与因变量 Y 的关系具有调节作用。

调节因素有定性的 (如性别、职业、种族等),也有定量的 (如年龄、受教育程度、成本等),它会影响自变量与因变量关系的方向 (正或负) 和作用程度。公式可以简单表示为 $Y=f(X, M)+e$。

根据自变量、因变量和潜变量的性质 (类别变量和连续变量) 以及各变量的测量方法 (显变量和潜变量),要采用不同调节作用的检验方法。

(1) 当自变量、因变量和调节变量都是显变量而且都是类别变量时,调节作用的检验用方差分析。

第一步：根据调节变量对数据进行分组。

第二步：然后使用分组数据对自变量和因变量做方差分析，比较不同分组得出的方差分析结果的差异。如果有明显的不同，则可以判别调节变量的作用。

（2）当自变量、因变量和调节变量都是显变量而且都是连续变量时，调节作用的检验采用层次回归分析。基本步骤如下：

第一步：做 Y 与 X 和 Z 的线性回归，公式表示为 $Y = aX + bY + cZ + e$，由此可以得到 R_1^2。

第二步：做 Y 与 X、Z 和 XZ 的线性回归，公式表示为 $Y = aX + bY + cZ + dXZ + e$，可以得到 R_2^2。

第三步：比较 R_1^2 和 R_2^2，若 R_2^2 显著大于 R_1^2，则说明调节作用显著；此外，若 d 显著也说明调节作用显著。

（3）当自变量、因变量和调节变量都是显变量，自变量和因变量都是连续变量，调节变量是类别变量时，采用分组回归分析。基本步骤如下：

第一步：根据调节变量对数据分组。

第二步：分别用两组数据做 Y 与 X 的线性回归，公式为 $Y = aX + e$。

第三步：比较两个回归方程中的 a，如果两个 a 存在明显的差异，则说明用来分组的调节因素发挥了调节作用。

然而，有学者认为这种方法存在弊端，如很难判断两个 a 差异的显著性，而且数据被拆分后的样本数量减少。对此，学者认为可以考虑将调节因素的类别变量转换为虚拟变量，然后用虚拟变量构造乘积项，用类似调节变量为连续变量的检验方法检验虚拟变量的调节作用。

（4）当自变量和因变量为潜变量、调节变量为显变量和类别变量时，采用结构方程（SEM）的分组分析。基本步骤如下：

第一步：根据调节变量对数据分组，如分成 1 组和 2 组。

第二步：先对结构方程模型中 X 与 Y 的回归系统设为相等，将两组数据带入其中，得到模型 M_1 的一组 χ_1^2 和相应的自由度，以及模型的一套拟合指标。

第三步：将结构方程模型中 X 与 Y 的回归系统设为自由估计，将两组数带入其中，得到模型 M_2 的一组 χ_2^2 和相应的自由度，以及模型的一套拟合指标。

第四步：比较模型 M_1 和 M_2 的 χ^2 和相应的自由度，$\chi_1^2 - \chi_2^2 = \Delta\chi^2$，以及相应的自由度差，在自由度下 $\Delta\chi^2$ 显著则说明模型 M_1 和 M_2 存在差异，调节作用显著。

第五步：比较模型 M_1 和 M_2 的相应拟合指标。如果 M_2 的拟合指标优于 M_1 的拟合指标，也说明调节因素让模型变优，从而验证调节作用显著。

（5）当自变量、因变量和调节变量都为潜变量时，对调节作用的检验有多种方法，但是都相对复杂，很难把握，这里不多赘述。

本书由于自变量、因变量为潜变量，调节变量为显变量、类别变量，因此采用结构方程（SEM）的分组分析。本书将调节变量饭店档次分为高档和低档两类，并利用 AMOS 7.0 软件对饭店档次的高低组合进行多组比较分析。探求在不同档次的饭店中，服务环境感知对消费情感的影响变化。

（1）饭店档次对积极情感的调节作用分析。通过参数不设限制、设限因子载荷相等、设限因子载荷和顾客整体服务环境感知与顾客积极情感路径系数相等构造三个多组分析比较模型，分别称为 Nr、Lr 和 LPr 模型。按模型比较策略，对 Nr 与 Lr 类模型进行参数比较，意味着对同一测量模型拟合时不分组，由此判定多组模型的因子结构是否相同。若参数 $\Delta\chi^2$（自由度为 ΔDf）显著，且主要拟合指数（RMSEA、NNFI、CFI 等）也有不同程度的恶化，说明加了限制后两模型共享参数不可行；否则，说明两组模型的因子结构相同。Lr 类模型可以与 LPr 类模型参数比较，意味着在对顾客整体服务环境感知与顾客积极情感关系的拟合时忽视两组数据的差异，判别两者关系是否存在显著差异。模型比较时，若参数 $\Delta\chi^2$ 显著，且主要拟合指数（RMSEA、NNFI、CFI 等）有不同程度的恶化，说明顾客整体服务环境感知与顾客积极情感的路径系数被设定为相等的模型不能很好地与数据拟合，也说明在拟合顾客整体服务环境感知与顾客积极情感关系时忽视分组数据的差异效果会变差，说明相应调节因素引起的顾客整体服务环境感知与顾客积极情感存在显著差异，支持调节因素作用假设。反之，说明调节因素作用不显著。在比较的过程中应该先对 Nr 与 Lr 类模型进行比较，在两类模型没有显著差异、两组模型的因子结构相同时再进行 Lr 与 LPr 类模型的比较。这样可以确认模型数据拟合的恶化完全来自对顾客整体服务环境感知与积极情感关系的设定，从而确认用来分组数据的调节因素所发挥的调节作用。据此，饭店档次的多组模型比较结果如表 5-17 所示。

表 5-17 饭店档次调节作用多组模型比较结果（积极情感）

模型	组别	$\beta_{SE\text{-}PA}$	T 值	χ^2	df	RMSEA	NNFI	CFI	$\Delta\chi^2$
M_1：不设限估计	H	0.60	13.25	1.42	2	0.000	1.00	1.00	
	L	0.82	18.36						
M_2：载荷相等	H	0.54	14.72	2.52	4	0.000	1.00	1.00	$\Delta\chi^2(2)=1.1$
	L	0.82	18.78						
M_3：载荷、两组 $\beta_{SE\text{-}PA}$ 相等	H/L	0.68	21.76	21.00	5	0.076	0.98	0.98	$\Delta\chi^2(1)=17.45^{**}$

注：H 代表高档；L 代表低档。$\beta_{SE\text{-}PA}$ 表示顾客整体服务环境感知与积极情感的标准回归系数。下表同。

从表 5-17 可以看出，在三个模型中顾客整体服务环境感知与顾客积极情感的相关系数较高（大于 0.54），而且都具有显著性。模型 M_2 与 M_1 比较，拟和指数没有显著恶化，表明饭店档次高低的两组共享同一套因子载荷可行，两组因子结构相同。M_3 与 M_2 相比较，χ^2 值有显著变化（$\Delta\chi^2(1)=17.45$），而且其他拟合指标（RMSEA、NNFI、CFI）

也恶化很多,模型拟合度变差,表明以饭店档次高低分组的数据在拟合顾客整体服务环境感知与顾客积极情感关系时,设定关系限制与不设定关系限制是有差异的,而且设定关系限制的数据拟合较差,说明忽视饭店档次高低对数据进行分组是不合适的,即饭店档次高低对顾客整体服务环境感知与顾客积极情感关系有显著影响。从顾客整体服务环境感知与顾客积极情感的关系数值上看,饭店档次较低时,顾客整体服务环境感知与顾客积极情感路径系数大于饭店档次为高档时的情况,意味着低档次的饭店服务环境感知对积极情感的影响高于高档次饭店服务环境顾客积极情感对整体服务环境感知的敏感性较强。

(2)饭店档次对消极情感的调节作用分析。采用与积极情感同样的比较策略,饭店档次对顾客整体服务环境感知和消极情感的调节作用分析结果如表5-18所示。首先,在三个模型中,顾客整体服务环境感知与顾客消极情感的相关系数较高(大于0.56),而且都具有显著性。模型 M_5 与 M_4 相比,$\Delta\chi^2(2)=1.2$,拟和指数没有显著恶化,表明饭店档次高低的两组可共享同一套因子负荷,两组因子结构相同。模型 M_6 与 M_5 相比,$\Delta\chi^2(1)=13.31$,在0.01水平下显著,其他拟合指数也有所恶化,说明两组的顾客整体服务环境感知与顾客消极情感路径系数具有显著差异。可以看出,饭店档次对顾客整体服务环境感知和顾客消极情感关系具有明显的调节作用。根据不设限制的 M_4 模型,饭店档次高低两组的顾客整体服务环境感知和顾客消极情感的路径系数分别为0.80、0.62,显示出饭店档次不同、顾客整体服务环境感知对

表5-18 饭店档次调节作用多组模型比较结果(消极情感)

模型	组别	β_{SE-NA}	T值	χ^2	Df	RMSEA	NNFI	CFI	$\Delta\chi^2$
M4:不设限估计	H	0.80	18.25	1.41	2	0.000	1.00	1.00	
	L	0.62	13.36						
M5:载荷相等	H	0.82	18.88	2.54	4	0.000	1.00	1.00	$\Delta\chi^2(2)=1.2$
	L	0.56	14.69						
M6:载荷、两组 β_{SE-NA} 相等	H/L	0.71	22.45	14.62	5	0.59	0.98	0.99	$\Delta\chi^2(1)=13.31^{**}$

顾客消极情感的影响也不同。当饭店档次较高时，顾客整体服务环境感知对顾客消极情感的影响要高于饭店档次较低时的情况，即当饭店档次较高时，顾客消极情感对整体服务环境感知的反应敏感度较大。

由此可见，在不同档次的饭店中，顾客整体服务环境感知对顾客消费情感的影响具有显著差异，表示调节变量饭店档次的调节效应显著，这也验证了假设 H_7。

第二节 整体服务环境和背景音乐对顾客公民行为影响的比较分析

本书通过三个实证研究探讨了顾客整体服务环境感知及服务环境构成要素（以背景音乐为例）对顾客公民行为的影响，在实证研究的分析后，发现了整体服务环境和服务环境构成要素（以背景音乐为例）对顾客公民行为影响的机理有以下异同点。

一、影响机理的相同点

（1）无论是整体服务环境还是服务环境的构成要素（以背景音乐为例）都显著影响顾客公民行为。因此作为服务企业而言，不仅要考虑服务环境中背景音乐等要素细节的设计，同时也要考虑整体服务环境的设计，提高顾客的服务环境感知，促进顾客公民行为的产生。

（2）顾客对整体服务环境的感知和对背景音乐一致性的感知对顾客公民行为的影响路径是一样的，都是以顾客情感反应和认知反应作为中介。这说明顾客对服务环境（包括整体或构成要素）的感知，会影响顾客的情感或认知反应，从而产生顾客公民行为倾向，这与 M-R 模型及 Bitner 提出的服务场景模型是一致的。

二、影响机理的不同点

(1) 整体服务环境对顾客公民行为的影响重点在于对服务环境的整体感知,即将整体服务环境看成是一个整体;而服务环境构成要素(以背景音乐为例)对顾客公民行为的影响,可以将构成要素分为内在因素(结构性因素)和外在因素(与环境的一致性)分别探讨其对顾客公民行为的影响。

(2) 虽然顾客整体服务环境感知和背景音乐一致性对顾客公民行为的影响路径是一致的,但是影响的强弱程度有所区别。顾客整体服务环境感知对服务质量感知的影响要比背景音乐一致性对服务质量感知的影响要强,前者的路径系数为0.800,后者的路径系数为0.083;在整体服务环境模型中,服务质量感知对顾客公民行为倾向的影响要比背景音乐一致性模型中服务质量感知对顾客公民行为倾向的影响弱,前者路径系数为0.182,后者路径系数为0.438。在顾客情感反应对顾客公民行为的影响关系中,在整体服务环境感知模型中,积极情感对顾客公民行为倾向影响的路径系数为0.123,消极情感为-0.082,而在背景音乐一致性模型中,愉悦对顾客公民行为倾向影响的路径系数为0.625,而唤起为-0.153,都要比前者强。

第三节 主要研究结果

(1) 整体服务环境感知对顾客公民行为倾向没有直接影响关系,而是通过顾客消费情感对顾客公民行为倾向产生影响。顾客通过对服务环境的感知产生不同的消费情感,从而有不同的顾客公民行为倾向,这与M-R模型的运作机理一致。

（2）整体服务环境感知对于顾客消费情感的影响。实证结果表明，整体服务环境的确能够显著影响顾客的积极情感，验证了本调研中的 H_{1a}。服务环境中的光线、温度、装修风格、色彩、装饰物及其他顾客行为等，会潜移默化地影响顾客的积极情感，使顾客在服务消费中获得愉快的体验；相对于积极情感来说，服务环境对于顾客消极情感的影响要小一些，但它也会显著影响顾客的消极情感，如服务环境中的温度、光线不合适，或者存在难以容忍的吵闹，顾客会产生消极情感。

（3）顾客情感中的积极情感与顾客公民行为倾向显著正相关，消极情感与顾客公民行为倾向显著负相关，但是从路径系数（积极情感：0.123；消极情感：-0.082）可以看出，积极情感对顾客公民行为倾向的影响要大于消极情感对顾客公民行为倾向的影响。若服务环境中光线、温度适宜，色彩搭配美观，布置精致或者其他顾客举止文明，会使服务环境更加吸引人、令人愉快，顾客从而更愿意产生推荐、帮助他人、积极配合服务人员工作等顾客公民行为；若服务环境较差，顾客会产生消极情感，同时负向影响其顾客公民行为倾向，但是因为有可能是和家人、朋友一起进餐，或者碍于面子，其消极情感不一定全部转化为负面情感，因此对于顾客公民行为倾向的影响要小于积极情感对于顾客公民行为倾向的影响。

（4）顾客消费情感对感知服务质量产生影响，感知服务质量正向影响顾客公民行为倾向，顾客感知服务质量和整体服务环境感知存在着显著正相关关系。

（5）饭店档次作为调节变量调节整体服务环境感知对消费情感的影响关系，且不同的消费情感调节关系不一样。在高档饭店中，顾客对饭店服务环境存在高的期望，因此当感知到的服务环境与其期望一致（或者高于）时，会触发顾客的积极情感，但是其强度低于当感知的服务环境低于期望时所触发的消极情感；在低档次饭店中正好相反，顾客对低档次饭店服务环境存在低的期望，当感知到的服务环境与其期望一致（或者高于）时，触发的积极情感的强度会高于当感知的服务环境低于期望时所触发的消极情感。

（6）整体服务环境和背景音乐对顾客公民行为的影响机理既有相同点也有不同点，相同点在于两者都对顾客公民行为产生影响，背景音乐一致性感知和整体服务环境感知对顾客公民行为的影响路径一致；不同点在于影响的强弱程度不同。

本章小结

本章首先探讨顾客整体服务环境感知对顾客公民行为的影响，以环境心理学和期望不一致理论为基础，通过实证研究，经过描述性统计、信度效度检验、结构模型的拟合度评价和路径分析对提出的概念模型和研究假设进行验证。结果显示，顾客整体服务环境感知通过顾客情感对顾客公民行为产生影响，而不直接影响顾客公民行为；同时，顾客整体服务环境感知也通过感知服务质量影响顾客公民行为，顾客情感正向影响感知服务质量；饭店档次在整体服务环境感知和顾客情感之间具有调节作用。具有不同人口统计特征（如职业、年龄和受教育程度）的顾客，其顾客公民行为倾向也是不尽相同的。

此外，就整体服务环境和背景音乐对顾客公民行为的影响机理进行比较分析，找出异同点。

第六章 研究结论与展望

本章是本书的最后总结,包括三部分内容。首先,在前面三个实证分析结果的基础上,对结论进行讨论;其次,提出本书的创新点;最后,总结和分析本书的局限性,并提出未来研究的展望。

第一节 研究结论

(1)本书就背景音乐结构性因素(音乐类型和节奏)对顾客公民行为倾向的影响进行研究,经过实证研究,本书的结论既验证了前人的研究结论,同时又有新的收获。

第一,背景音乐会对顾客行为产生影响,这与以往学者的研究结论是一致的,背景音乐对顾客行为的影响研究更加深入。

第二,通过研究,我们发现了背景音乐结构性因素变量(音乐节奏和类型)对顾客行为中的公民行为的影响。通过现场实验法验证了音乐节奏和类型对顾客公民行为倾向有显著影响。这是前人未曾研究过的。

第三,背景音乐类型对顾客公民行为倾向有显著影响,在播放背景音乐时,要注意背景音乐类型的选择。在休闲餐厅中播放古典的、优雅的音乐,可以烘托该餐厅的品位,使顾客的自我感知增强,从而促进其顾客公民行为的产生。而播放流行音乐或乡村音乐更加贴近大众，但会使顾客降低对该餐厅品位的认识。

第四，背景音乐节奏对顾客公民行为倾向有显著影响，因此要对音乐节奏有所把握。在休闲餐厅中，以播放的音乐比较柔和且节拍较慢为好。慢节奏的音乐，能够使人放松、沉静，可以使人静下心享受就餐的过程、心情愉悦，从而促进顾客公民行为的产生。

第五，背景音乐类型和节奏的交互作用显著，因此，当在休闲餐厅中选择背景音乐时，在音乐音量一定的情况下，要综合考虑背景音乐类型和节奏对顾客公民行为的影响。例如，在播放现代音乐时，尽量选用较慢节奏的音乐，而在播放古典音乐时，可以选用较快节奏的音乐，这些有助于顾客公民行为的产生。

经过精心设计、合理选择的背景音乐已成为服务企业的一种无形但却不可或缺的竞争手段。它即使顾客在接受服务时得到了温馨舒适的享受，又为服务企业营造了一个使顾客流连忘返的服务环境，从而达到顾客满意、企业有益的"双赢"效果。

（2）本书探讨了餐馆中的背景音乐与服务环境的一致性通过情感反应和认知反应对顾客行为意愿（顾客公民行为倾向）的作用过程。经过实证研究，得出以下结论：

第一，不仅背景音乐结构性因素会对顾客公民行为倾向产生影响，而且背景音乐与环境的一致性也会对顾客公民行为倾向产生影响，这种影响主要通过情感反应和认知反应来实现。

第二，在研究中，唤起和愉悦在音乐一致性和认知反应（服务质量感知）之间具有中介作用，音乐一致性通过唤起对愉悦产生影响。因为音乐一致性对服务质量感知具有直接效应，所以唤起和愉悦具有部分中介作用。当音乐一致性使顾客产生低唤起和高愉悦状态时，他们对服务质量的感知就会提升。以往的研究探讨了音乐和气味的一致性对服务质量感知的影响，但是没有考虑到顾客情感的中介作用。因

第六章 研究结论与展望

此,本书所讨论的情感在音乐一致性和顾客认知反应、行为倾向的中介作用方面,是理论上的一个很显著的贡献。高的服务质量感知提高顾客的公民行为倾向;同时,低唤起会提高顾客公民行为倾向。

第三,本书最大的意义就是探讨了背景音乐与环境的一致性与顾客公民行为倾向之间的关系,背景音乐的播放需要进行深思熟虑。与环境一致性强的音乐会引发顾客低唤起和高愉悦的情感状态。音乐与环境的一致性会使顾客放松、平静和愉悦,而顾客在愉悦状态下,对服务质量的感知会提升,而且音乐一致性会直接提高顾客对服务质量的感知,因此,餐厅经营者可以通过播放和环境一致的背景音乐提高顾客的服务质量感知,而且可以提高顾客公民行为倾向,促进公民行为的产生。在播放背景音乐时,要考虑到服务环境的些许变化,Bitner(1992)认为服务环境可以分为周遭环境、空间布局和功能性、标志,象征和人工装饰。其中,周遭环境是最容易变化的因素,它与五种感觉相关,包括温度、灯光、噪声、音乐和气味。因为这些因素是非常容易变化的,餐厅的经营者必须确保它们之间是协调一致的。空间布局和功能性、标志以及象征和人工装饰一般是在环境设计初期由建筑师或者设计师设计的,这些必须和服务策略相一致。

(3)本书探讨了整体服务环境和背景音乐对顾客公民行为影响的异同点。

第一,整体服务环境感知对顾客公民行为的影响。从整体服务环境感知的角度实证研究了服务环境感知、感知服务质量、消费情感和顾客公民行为倾向之间的作用关系,对顾客公民行为倾向的影响因素及影响机理做了进一步理解。①通过实证研究发现,整体服务环境感知、服务质量感知和消费情感都会对顾客公民行为倾向产生影响。但服务环境感知要通过消费情感影响顾客公民行为倾向,而服务环境感知和服务质量感知之间又存在高正向相关关系。因此,服务企业可以将舒适宜人的服务环境作为吸引、保持顾客的重要营销手段,提高服务质量,促使顾客公民行为的产生,从而提高企业绩效。②顾客积极情感对顾客公民行为倾向的影响要显著于消极情感对顾客公民行为倾向的影响,因此,通过改善服务环境提高积极情感所产生的效果,要远比降低消极情感的效果好得多。在服务环境改善中,可以通过有形要素和无形要素两个方面来完成。有形要素包括服务场所的布局、装饰物的摆设及色彩等,服务企业要特别重视其内部装饰装修需符合顾客的审美观,做到处处让顾客感到舒服,产生积极的情感,从而产生推荐、帮助他人的对企业有益的顾客公民行为;无形要素包括音乐、室温和其他顾客的表现等,这些都影响顾客的情感感知,因此服务企业同样要重视这些无形的环境要素,如可以选择轻柔舒缓的背景音乐、适宜的温度为顾客营造温馨的气氛,让顾客感到身心愉悦,从而产生顾客公民行为。③对于不同档次的饭店,在改善服务环境时可以采取不同的策略。对于高档次的饭店,顾客想当然地认为其服务环境必须是好的,低的服务环境感知更容易触发其消极情感,这种档次的饭店要保证服务环境的"完美",给顾客以高的服务环境感知,减少消极情感的产生;在低档次饭店中,顾客对其服务环境的要求并不高,因此这种档次的饭店更应努力改善服务环境,给顾客以高的服务环境感知,因为这样更容易触发顾客的积极情感,从而实施顾客公民行为。

第二,影响机理的异同点。通过顾客整体服务环境感知及背景音乐对顾客公民行为影响的三个实证研究,可以发现整体服务环境和背景音乐对顾客公民行为的影响既具有相同点,同时也存在不同点。

相同点在于顾客整体服务环境感知和背景一致性感知对顾客公民行为的影响的路径一致,顾客情感和认知在其中具有中介作用,因此服务企业要提高顾客的整体服务环境感知和音乐一致性感知,促进顾客积极情感(愉悦)的产生,提高其整体服务质量感知,促使顾客公民行为的产生。

不同点在于对顾客公民行为影响的概念模型不同,影响路径的强弱不同。如顾客整体服务环境感知对服务质量感知的影响要比背景音乐一致性对服务质量感知的影响要强（前者路径系数为 0.800，后者路径系数为 0.083），这说明顾客对于服务质量的感知，还是以对整体服务环境的感知为依据的。因此，服务企业不仅要加强背景音乐等单个服务环境构成要素的合理应用，而且要注意整体服务环境的设计，使用户得到满意的服务体验。

在不同的影响模型中，顾客情感对顾客公民行为倾向的影响强弱也不同，在背景音乐一致性模型中，愉悦和唤起对顾客公民行为倾向的影响都比整体服务环境感知模型中积极情感和消极情感对顾客公民行为倾向的影响要强。这说明在背景音乐对顾客公民行为的影响路径中，顾客情感的作用更大，播放背景音乐会对顾客情感造成更大的影响，从而影响顾客公民行为的产生。作为服务企业，要对背景音乐进行适当的管理，如要注意背景音乐与服务环境的一致性。

第二节 研究创新点

本调研的创新点主要体现在如下几个方面：

（1）从服务环境视角，探讨顾客公民行为形成机制理论，丰富顾客公民行为形成机理研究。

（2）与以往研究不同，将服务环境对顾客公民行为的影响研究分为两个角度：一是服务环境的构成要素（以背景音乐为例）对顾客公民行为的影响；二是整体服务环境对顾客公民行为的影响。并就两者对顾客公民行为影响机理的相同性和差异性进行比较分析。

（3）在文献回顾和环境心理学理论的基础上，从整体服务环境感知、顾客情感反应和认知反应三个方面，构建服务环境对顾客公民行为倾向影响的概念模型。对顾客公民行为的影响因素进行了扩展。经过实证研究，不仅发现了服务环境感知、顾客情感反应和认知反应对顾客公民行为的影响机理，同时也探讨了饭店档次的调节效应。

（4）从背景音乐的关键性因素出发，探讨其对顾客公民行为的影响。①利用现场实验法就背景音乐的部分结构性因素（类型和节奏）对顾客公民行为倾向的影响进行探讨，得出背景音乐类型和节奏不仅分别对顾客公民行为倾向有显著影响且它们之间具有交叉影响作用的结论。②研究了背景音乐的外在因素（与服务环境的一致性）对顾客公民行为倾向的影响。构建了背景音乐一致性、顾客情感、服务质量感知及顾客公民行为倾向之间关系的概念模型，该模型将顾客情感反应和认知反应结合起来，检验它们在背景音乐一致性和顾客公民行为倾向之间的中介作用，进一步深化了服务环境要素对顾客公民行为倾向影响的机理，为提高顾客公民行为倾向及促进顾客公民行为的产生提供具有可操作性的措施。

第三节　研究局限和展望

本书根据研究的目的，遵循科学的研究范式，在对顾客公民行为有关文献进行回顾的基础上，结合环境心理学理论研究，最后根据样本数据得出结论。尽管力求整个过程的科学规范，但关于顾客公民行为研究的文献较少，且由于作者研究能力和科研条件的限制，本书仍然存在一定的研究局限。这些研究局限带来了不足，又为将来的进一步研究给出了方向和建议。

一、调查范围及样本选择方面

本书的三个实证研究都将调查范围限制在餐饮业，虽然保证了研究范围的一贯性，但是有关结论在其他消费者服务行业的普适性有待于进一步检验。

根据研究的内容，本书对于样本的选择进行了严格的限定，并采取线上和线下两种方式收集数据。但是由于考虑到调查的方便性，除了背景音乐结构性因素对顾客公民行为倾向研究中的样本，另外两个研究的样本存在一定的局限性，主要表现在样本的高学历现象较为明显。原因在于本书以在校大学生为一部分调研对象，此外是高学历人群对于网络问卷的参与度比较高。这会使样本在人口统计特征上有一定的偏差，从而一定程度上降低了研究的效度，从而使研究结论的说服力减弱。将来的研究可以使样本的选择在人口统计特征上尽量合理分布，以使样本具有代表性，从而使研究的结论更具说服力。

二、背景音乐结构性因素方面

（1）对背景音乐结构性特征只选择两个因素，即音乐类型和节奏，从而构建 2×2 实验设计，这样选择主要是出于研究的方便性考虑。但是背景音乐还有其他的结构性因素，如音量、国别等，今后的研究可以将这些因素综合考虑，构建更加复杂的实验设计，从而增加研究的效度。

（2）对于背景音乐的选择标准问题，这里采用的是国外学者 Milliman（1986）所做研究的初始阶段通过对消费者调研得到的结论，但是对于快速音乐和慢速音乐的定义的影响因素有很多，如不同的个体差异，尤其是年龄和背景等因素，都会影响对快速音乐和慢速音乐的界定。因此，Milliman 所提出的标准可能并不是最准确的，也许音乐节奏的真正作用并没有完全体现出来。

（3）由于就背景音乐结构性因素对顾客公民行为倾向的影响研究属于现场实验研究，在真实的情境下观察到的数据就是最真实有效的数据，同时我们也尽可能地对一些可能产生影响的变量进行了控制。但是由于是真实的环境，所以难免有一些因素我们无法控制，而其干扰了研究的结果。如在实验过程中，虽然我们对音量进行了控制，但是餐厅内人员等因素会导致不同时间内顾客感知到音乐音量会有所不同。

三、变量测量方面

本书分析了顾客公民行为倾向的影响机制，证实了整体服务环境感知、背景音乐一致性、顾客情感、顾客服务质量感知及顾客公民行为倾向之间的关系。由于本书主要是为了研究各潜在变量之间的关系，因此所有潜在变量选择单维构念，这样不仅可以方便被试作答，而且可以提高研究效率。但是诸如服务环境感知等潜在变量，已有研究将其作为多维变量进行研究。因此，在今后的研究中，可以将服务环境作为多维构念，研究其具体的维度对顾客公民行为的影响，这样可以为服务企业提供更具可操作价值的理论依据。

四、比较分析方面

本书就整体服务环境及服务环境构成要素（以背景音乐为例）对顾客公民行为的影响机理进行了比较分析，为顾客公民行为的影响因素研究提供了一个全新的视角。但是在比较分析过程中，只是将研究结果的比较分析结果呈现出来，对其中的内在机制并未深入分析，因此需要在以后的研究中进一步深入研究。

附 录

附录一 关于餐厅背景音乐特征和顾客公民行为关系的调查问卷

尊敬的先生/女士：

您好！

下面是一份关于餐厅背景音乐特征和顾客公民行为倾向关系的调查问卷，该调查的目的是为了了解该餐厅背景音乐对您的行为倾向产生的影响。您的积极合作和参与将会对我们的研究工作起到重要的推进作用。

我们只是想了解您在这些问题上的真实看法，您不必署名，问题也没有对错之分。请您仔细阅读每部分的指导文字及问题，按自己的实际感受完整地填写问卷。谢谢您的大力支持！

1. 您的性别：男（　　）　　女（　　）
2. 您的职业：（　　）
   　　A. 国家机关、党群组织、企业、事业单位负责人
   　　B. 专业技术人员　　C. 办事人员和有关人员
   　　D. 商业、服务业人员　　E. 农、林、牧、渔、水利生产人员

F. 生产、运输设备操作人员及有关人员

G. 学生　　　　　　　H. 其他

3. 您的年龄：（　　）

　　A. 18~24　　　　B. 25~29　　　　C. 30~39

　　D. 40~49　　　　E. 50 以上

4. 您的月收入：（　　）

　　A. 2000 元以下　　B. 2001~3000 元　　C. 3001~4000 元

　　D. 4001~5000 元　　E. 5000 元以上

5. 您的受教育程度：（　　）

　　A. 高中及以下　　B. 大专　　　　　C. 本科

　　D. 研究生　　　　E. 研究生以上

对于下面的行为倾向，请您对下列各问题的认可程度打分。

1 = "完全不同意"，2 = "不同意"，3 = "比较不同意"，4 = "一般"，5 = "比较同意"，6 = "同意"，7 = "完全同意"

把这个餐馆推荐给我的朋友	1	2	3	4	5	6	7
在就餐中帮助他人	1	2	3	4	5	6	7
帮助某人正确地完成就餐过程	1	2	3	4	5	6	7
向其他顾客解释如何正确地完成就餐过程	1	2	3	4	5	6	7
填写顾客满意调查表	1	2	3	4	5	6	7
我向餐馆提供如何促进服务的反馈意见	1	2	3	4	5	6	7
如果我有促进服务的意见，我会让餐馆的某个人知道	1	2	3	4	5	6	7

附录二 关于背景音乐和顾客公民行为的调查问卷

尊敬的先生/女士：

您好！这是一份纯学术性质的研究问卷，主要探讨背景音乐和顾客公民行为的关系。本问卷采用不记名方式填写，您所填写的内容资料仅供学术研究之用，不做商业或者其他用途，请放心填写。本问卷没有正确或错误答案之分，请按照您个人对问题的看法和感受，在您认为合适的数字上打"√"即可。

感谢您的热心协助与支持！

个人资料：

1. 您的性别：男（　　）　　女（　　）
2. 您的职业：（　　）
   A. 国家机关、党群组织、企业、事业单位负责人
   B. 专业技术人员　　　　C. 办事人员和有关人员
   D. 商业、服务业人员　　E. 农、林、牧、渔、水利生产人员
   F. 生产、运输设备操作人员及有关人员
   G. 学生　　　　　　　　H. 其他
3. 您的年龄：（　　）
   A. 18~24　　　　　　　B. 25~29　　　　　　　C. 30~39
   D. 40~49　　　　　　　E. 50 以上
4. 您的月收入：（　　）
   A. 2000 元以下　　　　B. 2001~3000 元　　　　C. 3001~4000 元
   D. 4001~5000 元　　　E. 5000 元以上
5. 您的受教育程度：（　　）

服务环境对顾客公民行为的影响研究

A. 高中及以下　　　B. 大专　　　　　　C. 本科
D. 研究生　　　　　E. 研究生以上

请您回忆最近一次有背景音乐就餐的经历，回答以下问题：

以下各题请您选择 1~7 的一个数字，打"√"即可。

1＝"完全不同意"，2＝"不同意"，3＝"比较不同意"，4＝"一般"，5＝"比较同意"，6＝"同意"，7＝"完全同意"

问　　题	完全不同意	……		一般		……	完全同意
对于这个餐馆，此音乐很合适	1	2	3	4	5	6	7
在这个餐馆听到这个音乐，我不觉得奇怪	1	2	3	4	5	6	7
该餐馆的整体服务质量是好的	1	2	3	4	5	6	7
该餐馆的整体服务质量比我预想的要好	1	2	3	4	5	6	7
该餐馆的整体服务质量和它应当提供的服务质量一样	1	2	3	4	5	6	7
把这个餐馆推荐给我的朋友	1	2	3	4	5	6	7
在就餐中帮助他人	1	2	3	4	5	6	7
帮助某人正确地完成就餐过程	1	2	3	4	5	6	7
向其他顾客解释如何正确地完成就餐过程	1	2	3	4	5	6	7
填写顾客满意调查表	1	2	3	4	5	6	7
我向餐馆提供如何促进服务的反馈意见	1	2	3	4	5	6	7
如果我有促进服务的意见，我会让餐馆的某个人知道	1	2	3	4	5	6	7

以下各题请您根据自身情况在合适位置上打"×"，每个题项只能打一个"×"，要将"×"打在空格正中间，而不是边上，例如：

在该餐馆听到背景音乐，您的感觉是生气的，就这样打"×"

生气的…×…：……：……：……：……：……：……：欣喜的

在该餐馆听到背景音乐，您的感觉是欣喜的，就这样打"×"

生气的……：……：……：……：……：……：…×…：欣喜的

如果您觉得在该餐馆听到背景音乐，您既不是生气的，也不是欣喜的，那就将"×"打在靠近中央的空格上，至于偏向哪一边，随您意愿。

在该餐馆听到背景音乐，您是什么感觉？

生气的……：……：……：……：……：……：…… 欣喜的

忧郁的……：……：……：……：……：……：…… 满意的

沮丧的……：……：……：……：……：……：…… 乐观的

不开心的……：……：……：……：……：……：…… 开心的

刺激的……：……：……：……：……：……：…… 放松的

激动的……：……：……：……：……：……：…… 平静的

紧张的……：……：……：……：……：……：…… 沉着的

再次感谢您的支持！

附录三 关于餐馆服务环境和顾客公民行为的调查问卷

尊敬的先生/女士：

您好！这是一份纯学术性质的研究问卷，主要探讨餐馆的服务环境和顾客消费行为的关系。本问卷采用不记名方式填写，您所填写的内容资料仅供学术研究之用，不做商业或者其他用途，请放心填写。本问卷没有正确或错误答案之分，请按照您个人对问题的看法和感受，在您认为合适的数字上打"√"即可。

感谢您的热心协助与支持！

请根据您印象中最近的一次餐馆（饭店）消费经历来回答以下问题。

餐馆的名称：＿＿＿＿＿＿＿＿＿＿＿＿＿＿＿＿＿＿＿＿＿＿＿

餐馆的档次：（　　）高档　　（　　）低档

消费金额：＿＿＿＿＿＿＿＿＿＿元

平均每年光顾的次数：＿＿＿＿＿次

以下各题请您选择1~7的一个数字，画"√"即可。

1＝"完全不同意"，2＝"不同意"，3＝"比较不同意"，4＝"一般"，5＝"比较同意"，6＝"同意"，7＝"完全同意"。

	完全不同意	……		一般		……	完全同意
餐馆里的灯光适度	1	2	3	4	5	6	7
餐馆里的温度适中	1	2	3	4	5	6	7
餐馆的布局是合理的	1	2	3	4	5	6	7
餐馆的装修风格独特	1	2	3	4	5	6	7
餐馆的色彩运用合理，令人感到舒适	1	2	3	4	5	6	7

续表

	完全不同意	……		一般	……		完全同意
餐馆的装饰物有品位、有特色	1	2	3	4	5	6	7
餐馆里其他顾客行为举止文明	1	2	3	4	5	6	7
把这个餐馆推荐给我的朋友	1	2	3	4	5	6	7
在就餐中帮助他人	1	2	3	4	5	6	7
帮助某人正确地完成就餐过程	1	2	3	4	5	6	7
向其他顾客解释如何正确地完成就餐过程	1	2	3	4	5	6	7
填写顾客满意调查表	1	2	3	4	5	6	7
我向餐馆提供如何促进服务的反馈意见	1	2	3	4	5	6	7
如果我有促进服务的意见，我会让餐馆的某人知道	1	2	3	4	5	6	7
这个餐馆的整体服务质量是好的	1	2	3	4	5	6	7
这个餐馆的整体服务质量比我预想的要好	1	2	3	4	5	6	7
这个餐馆的整体服务质量和它应当提供的服务质量是一样的	1	2	3	4	5	6	7
这个餐馆给我的感觉是高兴的	1	2	3	4	5	6	7
这个餐馆给我的感觉是惊喜的	1	2	3	4	5	6	7
这个餐馆给我的感觉是满意的	1	2	3	4	5	6	7
这个餐馆给我的感觉是有趣的	1	2	3	4	5	6	7
这个餐馆给我的感觉是沮丧的	1	2	3	4	5	6	7
这个餐馆给我的感觉是失望的	1	2	3	4	5	6	7
这个餐馆给我的感觉是生气的	1	2	3	4	5	6	7
这个餐馆给我的感觉是无趣的	1	2	3	4	5	6	7

个人资料：

1. 您的性别：男（   ）   女（   ）

2. 您的职业：（   ）

    A. 国家机关、党群组织、企业、事业单位负责人

    B. 专业技术人员　　　C. 办事人员和有关人员

    D. 商业、服务业人员　E. 农、林、牧、渔、水利生产人员

    F. 生产、运输设备操作人员及有关人员

    G. 学生　　　　　　　H. 其他

3. 您的年龄：（   ）

    A. 18~24　　　　　　B. 25~29　　　　　　C. 30~39

    D. 40~49　　　　　　E. 50 以上

4. 您的月收入：（ ）

　　A. 2000 元以下　　B. 2001~3000 元　　C. 3001~4000 元

　　D. 4001~5000 元　　E. 5000 元以上

5. 您的受教育程度：（ ）

　　A. 高中及以下　　B. 大专　　C 本科

　　D. 研究生　　　　E. 研究生以上

附录四 顾客公民行为测量量表一览[①]

注释：

（1）量表名称根据测量对象的英文名称缩写设置，如顾客自愿行为（Customer Voluntary Behavior）测量量表为CVP量表，顾客帮助行为（Customer Helping Behavior）为CHB量表；CCB-A、CCB-K、CCB-T、CCB-F量表中的"A、K、T、F"分别表示研究者所在国家（地区）：澳大利亚、韩国、中国台湾和法国；CCB-K1和CCB-K2是相同的研究者在不同研究中使用的不同的量表。

（2）在此研究中，研究者分别以研究生和某艺术中心的顾客作为样本进行研究。

（3）因CCB-K1量表为构成式结构，无信度检验，所以在表中未列出。

（4）对于CCB-K1量表（Youjae, 2008），在原文中作者未列出具体的问项，故本附录加以省略。

表1 CVP（Bettercout, 1997）

维 度	问 项
忠诚	我会向别人说关于这个商店好的事情 我鼓励朋友和亲戚到这个商店购物 我尽力在这个商店里购买我所需要的全部日用品
合作	我尽力帮助保持商店的清洁（如不把塑料袋丢在产品展示架上，保持展示架干净） 商店里的员工得到我的全力合作 我仔细地观察商店的规则和政策 我尽力礼貌和善意地对待商店的人员 当我离开商店的时候，我把购物车放到指定位置上，而不是放到我的车旁边 我做些让收银员工作容易的事情（如自己装袋，将UPC标签展示给收银员） 如果我需要填支票，我会在结账之前把基础信息填好

[①] CCB-K2量表在原文中作者未列出具体的问项，故在本附录中省略。

续表

维度	问项
参与	我告诉商店/员工能够更好满足我需要的服务方式 我给商店提如何促进服务的建设性意见 如果我有促进服务的好办法，我会告诉商店里的员工 当我在这个商店体验到问题时，我让商店里的员工知道，以便他们能改善服务 如果我发现问题，虽然这个问题不会影响到我，但是我会告知商店的员工（如走廊里有打碎的玻璃，牛奶超过了保质日期） 如果员工给我提供了好的服务，我会告诉他们 如果价格不对，我会告知商店员工的

表2 CCB-A（Groth 2005）

维度	问项
推荐	向同学或同事提到该企业 将该企业推荐给家人 将该企业推荐给朋友 将该企业推荐给对该企业产品/服务感兴趣的人
帮助顾客	帮助其他顾客找到商品 在购物过程中帮助其他顾客 指导其他顾客正确地接受服务 向其他顾客解释如何正确地接受服务
提供反馈	填写顾客反馈表 为顾客服务提供有帮助的反馈 当被企业调查时提供信息 当接收到某个员工优秀的服务时向企业反馈

表3 Customer OCBs（Bove，2008）

维度	问项
正向口碑	我鼓励我的朋友和亲戚来这个企业 我向别人推荐过这个企业 我向征求我意见的人推荐这个企业 当出现某个话题时，我会尽力去推荐这个企业 我和其他人说关于这个企业好的东西 我荣幸地和别人说我使用这个企业的产品
服务促进的建议	我会给出如何促进服务的建议 我会让员工知道怎么样让我更好地接受服务 如果我感觉将会给这个企业带来好处，我会和企业/员工分享我的意见 如果能够促进服务，我会贡献我的"点子"
监督其他顾客	我会采取措施防止其他顾客带来的问题 如果我发现其他顾客的不妥行为，我会通知企业/员工 我会向其他顾客提建议
表达	如果我有抱怨，我会和企业/员工一起讨论 如果我有问题，我会向企业/员工抱怨 如果我有抱怨，我会让企业/员工知道，让他们注意 我不会害怕和企业/员工一起讨论抱怨

续表

维度	问项
服务促进的仁爱行为	我友善地对待企业/员工 我试着让企业/员工工作更容易,虽然我不是必须需要这么做 如果我对企业/员工的服务很满意,我会让企业/员工知道
亲近关系的展示	我会在公共场所带上宣传该企业的帽子 我会在公共场所穿上宣传该企业的T恤衫 我会展示宣传该企业的
灵活性	如果服务时间发生变动,并且会影响到我,我会去适应 如果企业/员工需要我在另外时间接受服务,我会这么做 我会等待接受服务
参与企业的活动	我会尝试被该企业跟踪的新的服务 我会参加该企业发起的活动 我会参加该企业举行的庆典

表4 CCB-K1（Youjae Yi,2008）

维度	问项
B2C	我和别人说关于这个EMBA课程好的事情 我向EMBA班提出促进服务的建设性意见 当我有改善服务的好的意见时,我会和EMBA班的管理人员交流 当我在这个EMBA班中体验到问题时,我会让他们知道,以便能改善服务 我尽力保持教室清洁（如不乱扔垃圾） 我仔细观察EMBA班规则制度 我做一些使导师工作容易的事情
B2B	我们和别人说关于这个供应商好的事情 我们向这个供应商提出促进服务的建设性意见 无论什么时候,我们都是在最后期限前向供应商付款 我们将这个供应商推荐给别人 我做一些供应商工作容易的事情

表5 CCB-T（洪崇荣,2005）

维度	问项
利他行为	我会主动向周围的人伸出援手 我会主动帮助店家解决问题 我愿意协助卖场员工解决工作上的问题 我会主动协助其他顾客找到他所需要的商品 我会主动通知有关其他顾客的奇怪行为
本分行为	我认为我是最诚实正直的顾客 我的表现诚实,不贪不义之财 我会遵守店家对顾客的要求 即使无人监督,我也会遵守卖场的规则 我会聆听店员的解释

维　度	问　项
"鸡婆"行为	我会滥用顾客的权利（R） 我会考虑我的所作所为是否会对其他顾客造成影响 我会尽量避免给商家带来问题 我会考虑我的行为是否会影响店员的工作 若商品有瑕疵，我会不辞辛苦地回来退货
公民道德	当我欣赏商家的做法时，我会自愿替商家宣传 我会阅读且收存商家的公告、海报、宣传单等文件 我会尽量维护卖场的整洁，不制造脏乱 我会配合政府的环保政策，实施垃圾分类 卖场的商品我会想办法物归原处

表 6　CERB（刘纹秀，2007）

我会推荐他人此家网上商店的产品
我会向亲朋好友推荐此家网上商店的产品
我自愿参加卖家所办的活动

表 7　CCB-F（Bartikowski，2009）

维　度	问　项
帮助其他顾客	在过去你和这个企业接触的基础上， 你会多大程度上…… ……帮助你的朋友正确地使用此服务 ……当其他购物者不知道如何使用此服务时，你会帮助他们 ……向其他顾客解释如何正确使用此服务
帮助企业	在过去你和这个企业接触的基础上， 你会多大程度上…… ……当被企业调查时，提供信息 ……为顾客服务提供有用的反馈 ……告知企业员工提供服务情况

表 8　CHB（Johnson and Rapp，2010）

维　度	问　项
扩展行为	我和别人提及该组织 我将该组织推荐给我的朋友 我将该组织推荐给对该组织的产品/服务感兴趣的人 我将该组织推荐给其他人 我试图传递关于该企业的正向口碑 我和我的朋友谈起该组织
支持行为	我参加该组织的募捐活动[b] 我代表该组织进行筹款活动[b] 我参加支持该组织的活动[b] 我给该组织捐款[b]

续表

维度	问项
宽恕行为	无论好与坏，我会和该组织做交易 当考虑选择与哪个组织做交易时，我总是选择该组织 我原谅该组织的负面经历
增加数量	为支持该组织，我试图更频繁地购买 为支持该组织，我试图增加购买数量 我试图让该企业经营下去[a]
竞争性信息	我积极地将竞争信息报告给该组织 如果该组织的竞争对手发布其负面口碑，我会告诉该组织 我告知对该企业有益的竞争信息 当有一些影响该组织的事情时，我通过网络或销售人员告知该组织[b] 我参加关于这个组织的讨论或访谈[a]
对调查的反应	我填写该组织的顾客满意调查问卷 我响应该组织的调查研究 当被该组织调查时，我提供信息 我提供顾客服务有用的反馈
品牌展示	我穿着宣传该组织品牌的服装，或服装上有该组织的标识 我展示该组织的标识或品牌
提高的价格	虽然该组织竞争对手的价格较低，但我还会选择该组织 为了支持该企业，我将会支付溢出价格

注：a. 问项只适合用于营利性组织的测量。b. 问项只适合用于非营利性组织的测量。

参 考 文 献

[1] Wilfred D. The process of new service development-issues of formalization and appropriability [J]. International Journal of Innovation Management, 2004, 8 (3): 319-337.

[2] Eric S., Sergios D. Managing the new service development process: towards a systemic mode [J]. European Journal of Marketing, 2005, 39: 175-198.

[3] 黄维兵. 现代服务经济理论与中国服务业发展 [M]. 成都: 西南财经大学出版社, 2003: 45.

[4] Bitner, Mary J. Evaluating service encounters: the effects of physical surroundings and employee responses [J]. Journal of Marketing, 1992, 54 (4): 69-82.

[5] Zeithaml V., Parasuraman A, Berry L. Problems and strategies in services marketing [J]. Journal of Marketing, 1985, 49 (Spring): 33-46.

[6] Bettercourt L A. Customer voluntary performance: customers as partners in service delivery[J]. Journal of Retailing, 1997, 73 (3): 383-406.

[7] Liliana L B. Service worker role in encouraging customer organizational citizenship behaviors [J]. Journal of Business Research, 2008, 62 (7): 698-705.

[8] Youjae Y. The effects of customer justice perception and affect on

customer citizenship behavior and customer dysfunctional behavior[J]. Industrial Marketing Management, 2008, 37(7): 767-783.

[9] 谢礼珊, 申文果, 梁晓丹. 顾客感知的服务公平性与顾客公民行为关系研究——基于网络服务环境的实证调研[J]. 管理评论, 2008, 20(6): 17-24.

[10] Markus G.. Customers as good soldiers: examining citizenship behaviors in Internet service deliveries[J]. Journal of Management, 2005, 31(1): 7-27.

[11] 洪崇荣. 组织公平、信任与顾客公民行为之研究[D]. 中国台湾: 国立中山大学, 2005.

[12] 韩小芸, 温碧燕, 伍小弈. 顾客消费情感对顾客满意感的影响[J]. 南开管理评论, 2004, 7(4): 39-43.

[13] Donovan R. J., Rossiter J. R.. Store atmosphere: an environmental psychology approach[J]. Journal of Retailing, 1982, 58: 34-57.

[14] 张振刚, 肖田野. 论无形服务的有形展示[J]. 商业研究, 2006(9): 208-212.

[15] Baker J., Berry L. L., Parasuraman A.. The marketing impact of branch facility design[J]. Journal of Retail Banking, 1988, 10(2): 23-41.

[16] Areni C. S., Kim D.. The influence of background music on shopping behaviour: classical versus top-forty music in a wine store[J]. Advances in Consumer Research, 1993, 20(1): 336-340.

[17] Smith P., Curnow R.. Arousal hypothesis and the effects of music on purchasing behavior[J]. Journal of Applied Psychology, 1966, 14(1): 17-32.

[18] Yalch R., Spangenberg E.. The effects of music in a retail setting on real and perceived shopping timesv[J]. Journal of Business Research,

2000, 49: 139-147.

[19] Kellaris J. J., Mantel S. P., Altesch M B. Decibels, disposition, and duration: a note on the impact of musical loudness and internal states on time perception [J]. Advances in Consumer Research, 1996, 23 (1): 87-104.

[20] Milliman R.. The influence of background music on the behavior of restaurant patrons [J]. Journal of Consumer Research, 1986, 13 (9): 286-289.

[21] North A. C., Hargreaves D., Mckendrick J. The influence of in-store music on wine selections [J]. Journal of Applied Psychology, 1999, 84: 271-276.

[22] Garlin F. V., Owen K.. Setting the tone with the tune: a meta-analytic review of the effects of background music in retail settings [J]. Journal of Business Research, 2006, 59: 755-764.

[23] Bowen, David E.. Managing customers as human resources in service organizations[J]. Human Resource Management, 1986, 25 (Fall): 371-384.

[24] Boris B.. Investigating mediators between corporate reputation and customer citizenship behaviors[J]. Journal of Business Research, 2009 (9): 21-34.

[25] Ford W., Zabava. Evaluation of the indirect influence of courteous service on customer discretionary behavior [J]. Human Communication Research, 1995, 22 (9): 65-89.

[26] Jennifer W. J., Adam R.. A more comprehensive understanding and measure of customer helping behavior [J]. Journal of Business Research, 2010, 63 (8): 787-792.

[27] 刘纹秀. 顾客认同如何知觉公平与顾客反应——以网络购物

为例 [D]. 中国台湾: 东海大学, 2007.

[28] Jennifer W. J., Adam R.. A more comprehensive understanding and measure of customer helping behavior [J]. Journal of Business Research, 2010, 63 (8): 787–792.

[29] 吴明隆. 结构方程模型——AMOS 的操作与应用 [M]. 重庆: 重庆出版社, 2010: 306–365.

[30] Tim C., Timothy M. D., David F. M., Sunil V.. Formative versus reflective measurement models: two applications of formative measurement [J]. Journal of Business Research, 2008, 62 (12): 1250–1262.

[31] Bollen K. A., Lennox R.. Conventional wisdom in measurement: a structural equation perspective [J]. Psychol Bull, 1991, 110 (2): 30514.

[32] Kelly S. W., Hoffman K. D., Davis M. A.. A typology of retail failures and recovery [J]. Journal of Retailing, 1993, 69 (4): 429–452.

[33] Anderson N.. A model of distributor firm and manufacturer firm working partnerships [J]. Journal of Marketing, 1990, 54: 42–58.

[34] Waston D., Clark L. A., Tellegen A.. Development and validation of brief measures of positive and negative affect: the PANAS scales [J]. Journal of Personality and Social Psychology, 1988, 54: 1063–1070.

[35] Youjae Y., Rajan N., Taeshik G.. Customer participation and citizenship behavioral influences on employee performance, satisfaction, commitment, and turnover intention [J]. Journal of Business Research, 2011, 64 (1): 87–95.

[36] Rosenbaum M. S., Massiah C. A.. When customers receive support from other customers: exploring the influence of inter-customer

social support on customer voluntary performance [J]. Serv Res, 2007, 9 (3): 257-270.

[37] Gianfranco W.. Examining the antecedents and consequences of corporate reputation: a customer perspective [J]. British Journal of Management, 2009, 20 (2): 187-203.

[38] Youjae Y.. The effects of customer justice perception and affect on customer citizenship behavior and customer dysfunctional behavior [J]. Industrial Marketing Management, 2008, 37 (7): 767-783.

[39] Lengnick-Hall C. A., Claycomb V., L W Inks. From recipient to contributor: examining customer roles and experienced outcomes [J]. European Journal of Marketing, 2000, 34 (3/4): 359-383.

[40] McAndrew. 环境心理学 [M]. 危芷芬译, 中国台湾: 五男出版社, 2005.

[41] 陈斌. 基于顾客满意的高档商务饭店服务环境研究 [D]. 杭州: 浙江大学, 2006.

[42] Mehrbaian A., Russell J. A.. An approach to enviromental Psychology [J]. Cambridge, MA Massachusetts Insititute of Technology, 1974.

[43] Philip K.. Atmospherics as a marketing tool [J]. Journal of Retailing, 1973, 49: 48-64.

[44] Woo G. K., Yun J. M.. Customers'cognitive, emotional and actionable response to the servicescape: a test of the moderating effect of the restaurant type [J]. International Journal of Hospitality Management, 2009, 28: 144-156.

[45] 陈觉. 服务产品设计 [M]. 辽宁: 辽宁科学技术出版社, 2003.

[46] 王鹏辉. 旅行社服务环境的信息设计 [J]. 新疆财经, 2004 (3): 38-40.

[47] 董士伟. 服务场景与等候经验对国道客运旅客行为意向与选择行为之影响 [D]. 中国台湾：国立交通大学，2004.

[48] 龚圣雄. 国际观光旅馆服务失误关键影响因素之研究 [D]. 中国台湾：朝阳科技大学，2002.

[49] Lin I. Evaluating a servicescape: the effect of cognition and emotion [J]. International Journal of Hospitality Management，2004，23 (2)：163–178.

[50] 史章建. 银行服务环境维度测量及其对满意度的影响研究 [D]. 北京：中国人民大学，2008.

[51] Francine V. G., Katherine O.. Setting the tone with the tune: a meta-analytic review of the effects of background music in retail settings [J]. Journal of Business Research，2006，59：755–764.

[52] Westbrook R. A.. Product/Consumption-based affective responses and post purchase processes [J]. Journal of Marketing Research，1987，24 (8)：258–270.

[53] Kalyani M., Laurette D.. The moderating role of negative consumption emotions on service evaluation [J]. European Advances in Consumer Research，2003，6：219–219.

[54] Michael E.. The role of affective expectations in memory for a service encounter [J]. Journal of Business Research，2005，58 (10)：1419–1425.

[55] Marsha L. R.. Consumption emotions [J]. Product Experience，2008：399–422.

[56] Waston D., Tellegen A.. Toward a consensual structure of mood [J]. Psychological Bulletin，1985，98 (2)：219–235.

[57] 杜建刚，范秀成. 基于体验的顾客满意度模型研究——针对团队旅游的实证研究 [J]. 管理学报，2007，4 (4)：514–518.

[58] Gornroos C. A service quality model and its marketing implications [J]. European Journal of Marketing, 1984, 18 (4): 36-44.

[59] 陈觉. 服务产品设计 [M]. 辽宁: 辽宁科学技术出版社, 2003.

[60] Cronin J. J., Taylor S. A.. Measuring service quality: a reexamination and extension [J]. Journal of Marketing, 1992, 56 (3): 55-68.

[61] Wakefield K. L., Blodgett J. G.. The importance of servicescapes in leisure service settings [J]. The Journal of Services Marketing, 1994, 8 (3): 66-76.

[62] Boulding W., Ajay K., Richard S., Valarie A. Z.. A dynamic process model of service quality: from expectations to behavioral intentions [J]. Journal of Marketing Research, 1993, 30 (2): 7-27.

[63] Ergel J. R., Blackwell R. D., Yiniard P. W.. Consumer behavior [M]. New York: The Drydden, 1995: 365.

[64] 朱洪军, 徐玖平. 服务环境对顾客体验影响的实证分析 [J]. 现代管理科学, 2008 (5): 47-49.

[65] Rust R. T., Oliver R. L.. Service quality: new directions in theory and practice [M]. California: Thousand Oaks, 1994: 10-50.

[66] Rys M. E., Fredericks J. O., Luery D. A.. Value= quality? Are service value and service quality synonymous: a decompositional approach [J]. In Surprenant, C. (Eds), Add Value to Your Service, AMA, Chicago, IL. 25-28.

[67] SooCheong J., Young N.. Perceived quality, emotions and behavioral intentions: application of an extended Mehrabian-Russell model to restaurants [J]. Journal of Business Research, 2009, 62: 451-460.

[68] Lazarus R. S.. Emotion and adaptation [M]. New York: Oxford University Press, 1991: 25-38.

[69] Smith C. A., Ellsworth P. C.. Patterns of cognitive appraisal in emotion [J]. Journal of Personality and Social Psychology, 1985, 48 (4): 813–838.

[70] Osgood C. E., Suci G. J., Tannenbaum P H. The measurement of meaning [M]. Urbana: The University of Illinois Press, 1957: 79–101.

[71] Bergenwall M.. An overview of emotion theory: incorporating the concept of emotion into service quality research [J]. Meddelanden Working Papers, Swedish School of Economics and Business, 1998: 367

[72] Williams S., Shiaw W. T.. Mood and organizational citizenship behavior: the effects of positive affect on employee organizational citizenship behavior intentions [J]. Journal of Psychology, 1999, 133 (6): 656–668.

[73] Spector P. E., Fox S.. An emotion-centered model of voluntary work behavior: some parallels between counterproductive work behavior (CWB) and organizational citizenship behavior (OCB) [J]. Human Resource Management Review, 2002, 12: 269–292.

[74] 张跃先, 马钦海, 刘汝萍. 期望不一致、顾客情绪和顾客满意的关系研究述评 [J]. 管理评论, 2010, 22 (4): 56–63.

[75] Oliver R. L.. A cognitive model of the antecedents and consequences of satisfaction decisions [J]. Journal of Marketing Research, 1980, 17 (6): 460–469.

[76] Oliver R. L.. Cognitive, affective and attribute bases of the satisfaction response [J]. Journal of Consumer Research, 1993, 20 (3): 418–430.

[77] 马庆国. 管理统计: 数据获取、统计原理、SPSS 工具与应用研究 [M]. 北京: 科学出版社, 2002: 394.

[78] 吴明隆. SPSS 统计应用实务 [M]. 北京：中国铁道出版社，2000：135.

[79] 温忠麟，侯杰泰，张雷. 调节效应与中介效应的比较和应用 [J]. 心理学报，2005，37（2）：268-274.

[80] Turley L. W., Milliman R. E.. Atmospheric effects on shopping behavior: a review of the experimental evidence [J]. Journal of Business Research, 2000, 49 (2): 193-211.

[81] Milliman R.. Using background music to affect the behavior of supermarket shoppers [J]. Journal of Marketing, 1982, 46 (Summer): 86-91.

[82] Areni C. S., Kim D.. The influence of background music on shopping behavior: classical versus top-forty music in a wine store [J]. Advances in Consumer Research, 1996, 20 (1): 336-340.

[83] Yalch R., Spangenberg E.. Using store music for retail zoning: a field experiment. In: McAlister, L., Rothschild, M.L. (Eds.) [J]. Advances in Consumer Research, 1993, 20: 632-636.

[84] North A. C., Hargreaves D., Mckendrick J. The influence of in-store music on wine selections [J]. Journal of Applied Psychology, 1999, 84: 271-276.

[85] Bruner G.. Music, Mood and marketing [J]. Journal of Marketing, 1990, 54 (4): 94-104.

[86] Herrington D., Capella L.. Practical applications of music in service settings [J]. Journal of Services Marketing, 1994, 8 (3): 50-56.

[87] 戴维·G. 埃尔姆斯等. 心理学研究方法（第8版）[M]. 北京：中国人民大学出版社，2011：94-100.

[88] Jang S. S., Namkung Y.. Perceived quality, emotions and behavioural intentions: application of an extended Mehrabian-Russell

model to restau-rants [J]. Journal of Business Research, 2009, 62: 451-460.

[89] Garlin F. V., Owen K.. Setting the tone with the tune: a meta-analytic review of the effects of background music in retail settings [J]. Journal of Business Research, 2006, 59: 755-764.

[90] Sweeney J. C., Wyber F. The role of cognitions and emotions in the music-approach-avoidance behavior relationship [J]. Journal of Services Marketing, 2002, 16 (1): 51-60.

[91] Chebat J. C., Michon R. The impact of ambient odors on mall shoppers' emotions, cognition and spending: a test of competitive causal theories [J]. Journal of Business Research, 2003, 56: 529-539.

[92] Babin B. J., Chebat J. C., Michon, R. Perceived appropriateness and its effect on quality, affect and behaviour [J]. Journal of Retailing and Consumer Services, 2004, 11: 287-298.

[93] Hui M., Dube, Chebat J. C.. The impact of music on consumers' reactions to waiting for services [J]. Journal of Retailing, 1997, 73 (1): 87-104.

[94] Morrin M., Chebat J. C.. Person-place congruency: the interactive effects of shopper style and atmospherics on consumer expenditures [J]. Journal of Services Research, 2005, 8 (2): 181-191.

[95] Oakes S. The influence of the musicscape with service environments [J]. Journal of Service Marketing, 2000, 14 (7): 539-556.

[96] Lam S. Y.. The effect of store environment on shopping behaviors: a critical review [J]. Advances in Consumer Research, 2001, 28: 190-197.

[97] MacInnis D. J., Park W. C.. The differential role of characteristics of music on high and low-involvement consumers' processing of ads

[J]. Journal of Consumer Research, 1991, 18: 161-173.

[98] North A. C., Hargreaves D., Mckendrick J.. The influence of in-store music on wine selections [J]. Journal of Applied Psychology, 1999, 84: 271-276.

[99] Jacob C.. Gueguen N., Boulbry G., Sami S.. Love is in the air: congruence between background music and goods in a florist [J]. The International Review of Retail Distribution and Consumer Research, 2009, 19 (1): 75-79.

[100] Mattila A., Wirtz J.. Congruency of scent and music as a driver of in-store evaluations and behavior [J]. Journal of Retailing, 2001, 77: 273-289.

[101] Bradley M. M., Codispoti M., Cuthbert B. N., Lang P. J.. Emotion and motivation: defensive and appetitive reactions in picture processing[J]. Emotion, 2001, 1 (3): 276-298.

[102] Bensafi M., Rouby C., Farget V., Bertrand B., Vigouroux M, Holley A.. Autonomic nervous system responses to odours: the role of pleasantness and arousal [J]. Chemical Senses, 2002, 27 (8): 703-709.

[103] Poels K., Dewitte S.. Getting a line on print ads[J]. Journal of Advertising, 2008, 37 (4): 63-74.

[104] Ito T., Cacioppo J. T., Lang P. J.. Eliciting affect using the international affective picture system: trajectories through evaluative space [J]. Personality and Social Psychology Bulletin, 1998, 24 (8): 855-879.

[105] Lang P. J., Bradley M. M., Cuthbert B. N.. Emotion and motivation: measuring affective perception [J]. Journal of Clinical Neurophysiology, 1998, 15 (5): 397-408.

[106] Ryu K., Jang S.. Influence of restaurants' physical environments on emotion and behavioural intention [J]. The Service Industries

Journal, 2008, 28 (8): 1151-1165.

[107] Morin S., Dube' L., Chebat. The role of pleasant music in servicescapes: a test of the dual model of environmental perception [J]. Journal of Retailing, 2007, 83 (1): 115-130.

[108] Isen A. M., Shalker T. E.. The effect of feeling state on evaluation of positive, neutral, and negative stimuli: when you 'accentuate the positive' do you 'eliminate the negative?' [J]. Social Psychology Quarterly, 1982, 45: 58-63.

[109] Kamins M. A., Marks L. J., Skinner D. Television commercial evaluation in the context of program induced mood: congruency versus consistency effects [J]. Journal of Advertising, 1991, 20: 1-14.

[110] Oakes S.. Evaluating empirical research into music in advertising: a congruity perspective [J]. Journal of Advertising Research, 2007, 47 (1): 38-50.

[111] Obermiller C., Bitner M. J.. Store atmosphere: a peripheral cue for product evaluation. In: Stewart, D.C. (Ed.) [M]. Washington: DC, American Psychology Division, American Psychological Association, 1984: 52-53.

[112] Vida I., Obadia C., Kunz M.. The effects of background music on consumer responses in a high-end supermarket [J]. International Review of Retail, Distribution and Consumer Research, 2007, 17 (5): 469-482.

[113] Harrell G. D., Hutt M. D., Anderson J. C.. Path analysis of buyer behavior under conditions of crowding [J]. Journal of Marketing Research, 1980, 17 (1): 45-51.

[114] 侯杰泰, 温忠麟, 成子娟. 结构方程模型及其应用 [M]. 北京: 教育科学出版社, 2004.

后 记

本书是在我的博士学位论文《服务环境对顾客公民行为的影响研究——以背景音乐为例》的基础上修改而成的。回想起几年的博士研究生的学习生活，感慨不禁油然而生！

我在攻读博士学位期间，深得多方面的关心、支持、厚爱与帮助。

衷心地感谢我的恩师马钦海教授。是马老师把我引入学术研究领域，让我能够有机会感受到东北大学学术文化的风采与魅力，并以全新的视角开始了我的学术生涯。马老师严谨求实的治学态度、高度的敬业精神、孜孜以求的工作作风、渊博的学识以及崇高的师德，深深地感染和激励着我。马老师不但在学术上为我树立了努力学习的榜样，还在生活中对我言传身教，教育我如何待人接物和为人处世，我深知这一切对我今后的人生将受益匪浅，这里再次感谢马老师的知遇之恩和培育之情。

感谢马钦海教授领导的团队在日常工作、学习中给予我无私的帮助。正是这个勇于挑战和不断创新的团队，使我能在一个融合共享、自由交流、帮助合作的学术环境中锻炼和成长，受益颇深。定期召开的学术研讨活动使我能有机会了解最前沿的学术动态，并受到先进学术思想的熏陶。这里要特别感谢团队中的刘汝萍老师及徐娴英、张跃先、高媛、郝金锦、范广伟、杨勇、李慢等兄弟姐妹给予我热心的支持和诚意的帮助，他们为我提供了论文所需的资料，提出了有价值的写作和修改方面的建议。在此一并表示感谢！

感谢我的父母、公婆、爱人潘峰以及女儿潘珂宇，在我攻读博士学位期间你们对我无私的爱与奉献成为我坚强的后盾，使我有勇气面临困难，在求学的道路上披荆斩棘，勇往直前，并最终顺利完成学业。

感谢沈阳理工大学经济管理学院赵维双院长、耿乃国书记以及刘多林、徐皓、孟凡丽、赵敏等同事，在我攻读博士学位期间对我工作、生活、学习各方面的关心和帮助，使我更顺利地完成了学业。

感谢东北大学工商管理学院的各位老师对我的指导和帮助。感谢参加我博士学位论文开题、评审、正式答辩的各位专家的宝贵意见。

都说一份经历、一份收获，五年多的博士求学经历给我带来了很多。怀念这份经历，珍惜这份收获！值此机会，对关心和帮助我的人们表示衷心的感谢，真诚地祝愿每一位支持和帮助过我的人，祝你们幸福安康、事业顺利！

书稿即将付梓，然心中并无如释重负之感。"学然后而知不足"，博士学位论文及本书的完成，仅是我学术研究道路的开端，今后我会凭着对管理学的热爱，在工作和学习中进一步深入研究本书的局限。

本书参考了许多学者的文献和观点，在此谨表诚挚谢意。

宋 扬

2012 年 10 月